GUANGDONG SHENG BANQUAN TIAOLI
DAODU YU SHIYI

《广东省版权条例》
导读与释义

广东省版权局　组编

SPM
南方传媒　广东人民出版社
·广州·

图书在版编目（CIP）数据

《广东省版权条例》导读与释义 / 广东省版权局组编. —广州：广东人民出版社，2023.11

ISBN 978-7-218-16518-9

Ⅰ.①广… Ⅱ.①广… Ⅲ.①版权—条例—法律解释—广东 Ⅳ.①D927.650.341.5

中国国家版本馆CIP数据核字（2023）第062451号

《GUANGDONG SHENG BANQUAN TIAOLI》DAODU YU SHIYI

《广东省版权条例》导读与释义

广东省版权局　组编　　　　　　　版权所有　翻印必究

出 版 人：肖风华

责任编辑：钱飞遥
责任技编：吴彦斌

出版发行：广东人民出版社
地　　址：广州市越秀区大沙头四马路10号（邮政编码：510199）
电　　话：（020）85716809（总编室）
传　　真：（020）83289585
网　　址：http://www.gdpph.com
印　　刷：广东信源文化科技有限公司
开　　本：787毫米×1092毫米　1/16
印　　张：11.75　　字　　数：108千
版　　次：2023年11月第1版
印　　次：2023年11月第1次印刷
定　　价：48.00元

如发现印装质量问题，影响阅读，请与出版社（020-87712513）联系调换。
售书热线：（020）87717307

前　言

　　版权也叫著作权，是知识产权的组成部分，涵盖文学、艺术和科学领域内的一切智力成果，覆盖文化创作、生产、传播、使用、交易全链条，既具有典型的人身和财产属性，又具有鲜明的文化和意识形态属性。版权作为文化的基础资源、创新的重要体现和国民经济的支柱产业，在加快构建新发展格局以及建设创新型国家和文化强国、知识产权强国进程中，地位越来越重要、作用越来越显著。

　　创新是引领发展的第一动力，保护知识产权就是保护创新。党的十八大以来，以习近平同志为核心的党中央把知识产权保护工作摆在了更加突出的位置。习近平总书记高度重视，围绕知识产权保护作出一系列重要部署，发表一系列重要论述。2020年11月30日，习近平总书记主持十九届中央政治局第二十五次集体学习时发表重要讲话，系统总结并充分肯定了我国知识产权保护取得的历史性成就，深刻阐明了事关知识产权事业改革发展的一系列方向性、原则性、根本性理论和实践问题，为新时代全面加强知识产权保护工作指明了前进方向、提供了根本遵循。近年来，党中央、国务院在知识产权领域部署推动一系列改革，出台一系列重大政策。2021年9月，中共中央、国务院印发《知识产权强国建设纲要（2021—2035年）》，要求"构建门类齐全、结构严密、内外协调的法律体系"；12月，国家版权局印发《版权工作"十四五"规划》，提出"鼓励各地区在立法权限范围内因地制宜制定地方性法规和规章"。

广东是全国版权大省，具有版权地方立法的内在需求和良好基础。2020年，全省版权产业增加值为9735.10亿元人民币，占全国版权产业增加值的13%；占全省GDP的比重达8.79%，比全国平均水平高出1.4个百分点。2022年，全省登记软件著作权超23.87万件，占全国登记总量的13.01%，位列全国第一；全省完成软件业务收入1.74万亿元，增长11.1%，位列全国第二。2018年机构改革后，广东在全国率先明确省和市县版权执法职责，率先确定由省委常委、宣传部部长任省推进使用正版软件工作联席会议总召集人，受到国家版权局的充分肯定。目前，全省已创建全国版权示范城市3个（广州、东莞、佛山），全国版权示范单位、园区（基地）24个，获得中国版权金奖7个。

广东是改革开放的排头兵、先行地、实验区，在中国式现代化建设的大局中地位重要、作用突出，推动版权地方立法责无旁贷、使命光荣。早在20世纪90年代，省版权局就成立专班研究《广东省版权条例》（以下简称《版权条例》）立法的必要性和可行性。2008年，省版权局组织力量编制立法计划，起草文本上报省政府，但由于当时立法任务繁重等，版权立法进入停滞阶段。2013年，省新闻出版局（省版权局）与省广播电影电视局合并，版权地方立法再次被提上议事日程。

近年来，广东省委、省政府坚决贯彻党中央、国务院决策部署，先后制定《关于强化知识产权保护的若干措施》《知识产权强省建设纲要》《广东省知识产权保护和运用"十四五"规划》等文件。2018年11月省版权局划转省委宣传部之后，在历任部长和分管副部长的直接领导下，加强统筹协调，加快推动《版权条例》立法进程。2019年7月组织项目招标，2020年12月完成文本起草并送审，2021年9月列入省人大常委会2022年立法工作计划。2022年5月17日，《版权条例（草案）》经第十三届省政府第一百九十次常务会议讨论通过，并提请省人大常委会审议。2022年6月1日、7月27日，《版权条例》分别通过省人大常委会一审、二审；9月29日，省第十三届人大常委会第四十六次会议审议通过《版权条例》，自2023年1月1日起施行。

《版权条例》分为总则、版权创造与运用、版权保护、版权管理与服务、法律责任和附则，共六章40条。《版权条例》围绕版权"创造、运用、保护、管理、服务"五个关键词谋篇布局，着力打通版权全链条，形成权界清晰、分工合理、责权一致、运转高效的体制机制。《版权条例》是全国第一部以"版权"命名的地方性法规，也是全国第一部以促进版权产业发展为主要立法目的的地方性法规。中央宣传部版权管理局在指导意见中评价："《版权条例》很好地涵盖了版权创造、运用、保护、管理和服务，每一主题项下均有具体措施和工作要求，体现出广东省先行先试、勇立潮头的雄心和紧扣难点、解决问题的务实精神。"

《版权条例》坚持固根基、扬优势、补短板、强弱项，从体制机制上破题、从强化治理上创新、从推动发展上发力，全面提升版权保护水平，有效促进创新链、产业链、价值链深度融合，充分发挥版权制度激发市场主体活力和社会创造力的效能，集中反映了广东版权工作的基本做法、主要特点和实践探索。《版权条例》是广东贯彻落实习近平总书记关于知识产权保护工作重要论述精神的最新版权答卷，是广东推进版权领域治理体系和治理能力现代化的最大制度成果，是广东推动版权产业高质量发展的最强法治保障，是广东应对版权工作新形势新挑战的最优行动方案。《版权条例》的颁布施行，必将更好地促进广东经济发展、文化繁荣、科技创新和社会进步。

《版权条例》在制定过程中，坚持政治定向、实事求是、全面保护、发扬民主的立法原则。《版权条例》的制定出台，离不开党的创新理论的武装、国家重大战略的引导、广东版权产业的发展、版权地方立法的召唤、信息技术革命的催生。《版权条例》是中央宣传部（国家版权局）积极关心和科学指导的结果，是省委、省人大、省政府高度重视和坚强领导的结果，是省版权局与省司法厅、省人大教科文卫委、省人大常委会法工委等部门精心组织和协同作战的结果，是省内外版权理论和实务界众多专业人士大力支持和无私帮助的结果。

奋进新时代，迈上新征程。躺平不可取，躺赢不可能，奋斗正当时。广东省委十三届三次全会提出，要以"再造一个新广东"的闯劲干劲拼劲再出发，努力创造让世界刮目相看的新的更大奇迹。接下来，全省版权战线将坚持以习近平新时代中国特色社会主义思想和党的二十大精神为指导，深入学习贯彻习近平法治思想、习近平文化思想，紧紧围绕党中央战略决策和省委"1310"具体部署，认真落实《版权工作"十四五"规划》和《版权条例》，准确把握版权强国建设的新形势、新任务和新要求，不断增强做好新时代版权工作的责任感、使命感和紧迫感，充分发挥版权在构建新发展格局、推动高质量发展，推进文化创新创造、坚定文化自信自强，满足人民文化需求、增强人民精神力量，维护国家安全，促进高水平对外开放等方面的重要作用，为广东在推进中国式现代化建设中走在前列提供更加有力的版权支撑。

为了帮助广大读者学习、理解和掌握《版权条例》，我们组织力量编写了本书。本书力求全面准确阐释《版权条例》的立法背景、立法原则、主要内容、特色亮点和实践意义，但由于时间和水平有限，不妥和疏漏之处在所难免，欢迎广大读者批评指正。

广东省版权局

2023年11月

目录

contents

广东省第十三届人民代表大会
常务委员会

公　告

（第119号）

《广东省版权条例》已由广东省第十三届人民代表大会常务委员会第四十六次会议于2022年9月29日通过，现予公布，自2023年1月1日起施行。

广东省人民代表大会常务委员会

2022年9月29日

广东省版权条例

（2022年9月29日广东省第十三届人民代表大会常务委员会第四十六次会议通过）

第一章　总　则

第一条　为了提升版权创造、运用、保护、管理和服务水平，促进版权产业发展，推动版权强省建设，根据《中华人民共和国著作权法》《中华人民共和国著作权法实施条例》等法律、行政法规，结合本省实际，制定本条例。

第二条　本条例适用于本省行政区域内版权创造、运用、保护、管理和服务以及相关活动。

第三条　县级以上人民政府应当将版权工作纳入国民经济和社会发展相关规划，将版权工作经费纳入本级财政预算。

县级以上人民政府应当建立版权工作领导和协调机制，

统筹推进版权工作，协调解决重大问题。

第四条 县级以上版权主管部门负责本行政区域的版权工作。

网信、新闻出版、电影、发展改革、教育、科技、工业和信息化、公安、司法行政、财政、人力资源社会保障、住房城乡建设、商务、文化和旅游、市场监督管理、广播电视、海关等有关部门，按照各自职责做好版权相关工作。

第五条 省人民政府应当将版权工作纳入政府绩效考核以及营商环境评价体系。

县级以上人民政府应当根据国家和省有关考核评价指标体系要求，组织开展版权考核评价工作。

第六条 县级以上人民政府应当开展常态化的版权宣传教育，建立版权新闻发布制度，定期向社会发布有关版权政策、重大事件和典型案例等信息。

新闻媒体应当以开辟专栏、刊播版权保护公益广告等方式，开展版权宣传教育活动，营造全社会崇尚创新、尊重和保护版权的良好氛围。

第七条 县级以上人民政府应当按照国家和省的规定对重大版权成果和在版权工作中作出突出贡献的单位和个人给予奖励。

第二章　版权创造与运用

第八条　省和地级以上市版权主管部门应当采取措施激励作品创作，实施优秀作品扶持计划，组织开展优秀版权作品评选，重点推动科技创新、数字经济、文化传承与发展等领域作品的创作和转化。

第九条　省和地级以上市人民政府应当建立以权利人为主体、市场为导向、产学研用相结合的版权创造体系，支持高等学校、科研机构、社会组织和权利人共建版权产业协同创新平台，推动版权成果的转化与运用，促进版权工作与科技、文化、金融等相关产业深度融合发展。

第十条　省人民政府应当推动粤港澳大湾区版权产业合作，组织开展产业对接、投资融资合作、展览展示等活动，加强本省与香港特别行政区、澳门特别行政区在影视、音乐、动漫、游戏、创意设计、计算机软件等重点行业的版权合作，促进粤港澳大湾区版权产业协同发展。

第十一条　省人民政府应当加强版权产业国际交流合作，优化版权国际贸易服务，拓宽对外交流合作渠道，在版权贸易、产业对接、学术研究、人才培养、海外维权等方面推动交流合作，提升版权产业国际运营能力。

鼓励企业、高等学校、科研机构、社会组织等依法开展版权领域的国际交流合作。

第十二条 省和地级以上市版权主管部门应当根据国家有关规定，在作品创作与传播、版权保护与管理、版权要素集聚、版权产业发展、版权贸易服务和教学科研等方面开展示范创建工作。

省版权主管部门应当统筹本省行政区域内的全国版权示范城市、示范园区（基地）、示范单位以及国家版权贸易基地和国家版权创新发展基地等创建工作，组织开展省级版权兴业示范基地评定。

第十三条 省和地级以上市人民政府应当通过规划引导、政策支持、市场主体培育等方式，促进区域优质版权资源汇聚，发挥中国（广东）自由贸易试验区、国家自主创新示范区等功能区的政策优势，加强制度供给，为版权产业集群建设发展创造条件和提供便利。

第十四条 省和地级以上市人民政府应当通过政策支持、资金投入、人才保障、新技术推广等方式，推动创新要素集聚，促进版权领域新业态发展。

支持和鼓励市场主体通过技术创新、自主研发、授权合作、产业升级、金融投资等方式，促进数字出版、广播影视、软件和信息服务等领域的版权产业发展。

第十五条 省版权主管部门应当健全版权交易机制，在版权确权、价值评估、许可转让和交易服务等方面对市场主体进行引导和规范，促进版权依法流转。

省和地级以上市人民政府应当利用中国进出口商品交易会（广交会）、中国（深圳）国际文化产业博览交易会、中国国际影视动漫版权保护和贸易博览会、南国书香节等大型展会，促进版权授权交易。

第十六条　省和地级以上市人民政府可以通过无偿资助、贷款贴息、资金补助、保费补贴和创业风险投资等方式，支持版权创新成果转化与产业化运用，引导社会资本加大对版权创新成果转化与产业化的投入。

鼓励权利人采取版权转让、许可、出质、作价出资等方式实现版权创新成果的市场价值。

第十七条　县级以上人民政府应当引导中小微企业进行版权创造和运用，将中小微企业作品登记、创新示范成果等纳入政策扶持范围，鼓励中小微企业加大版权创新投入。

地级以上市人民政府应当支持中小微企业参加版权有关的大型展会。

第十八条　省和地级以上市版权主管部门应当健全符合本行政区域实际的版权产业统计调查制度，组织实施版权产业统计调查。

鼓励和支持高等学校、科研机构和社会组织开展版权产业经济贡献率和文化影响力等方面的研究。

第三章　版权保护

第十九条　县级以上版权主管部门应当加强与公安、海关、市场监督管理、广播电视、网信等有关部门的执法协作，健全执法协作工作机制。

县级以上版权主管部门可以根据工作需要，会同有关部门开展版权保护专项行动。

第二十条　省版权主管部门应当建立健全重点作品版权保护预警制度，建立重点关注市场名录，加强对电商平台、展会、专业市场、进出口等重点领域的监测管理，及时组织查处版权侵权行为。

省版权主管部门应当推动建立重大案件挂牌督办、版权侵权典型案例发布等制度。

第二十一条　省版权主管部门应当推动新业态版权保护，加强版权治理新问题的研究与监管，完善体育赛事、综艺节目、网络视听、电商平台等领域的新业态版权保护制度。

省和地级以上市版权主管部门应当加强源头追溯、实时监测、在线识别等数字版权保护技术的研发运用，建立打击网络侵权行为的快速反应机制。

第二十二条 网络服务提供者应当依法履行版权保护主体责任，建立版权内部监管机制，采取与其技术能力、经营规模以及服务类型等相适应的预防侵权措施，并完善侵权投诉机制，快速处理版权纠纷。

第二十三条 鼓励企业、高等学校、科研机构加强风险防范机制建设，建立健全版权保护制度，提高自我保护能力，强化版权源头保护。

鼓励采用时间戳、区块链等电子存证技术获取、固定版权保护相关证据。

第二十四条 县级以上版权主管部门应当加强版权行政执法能力建设，统一执法标准，完善执法程序，强化业务培训、装备建设和新技术应用，提高执法专业化、信息化、规范化水平。

第二十五条 县级以上版权主管部门应当会同有关部门建立健全版权侵权投诉、举报处理机制，公开投诉、举报的受理渠道和方式，及时处理投诉、举报，并按规定将处理结果反馈投诉人、举报人。

第四章 版权管理与服务

第二十六条 省版权主管部门应当利用大数据、人工智能、区块链等新技术，健全版权监管工作平台，在作品登记、监测预警、宣传培训等方面创新版权监管方式，提高版权管理和服务能力。

第二十七条 县级以上人民政府应当组织、指导和协调使用正版软件工作，建立健全软件正版化工作动态监管机制，对国家机关和企业事业单位的软件使用情况进行监督检查。

软件使用单位应当落实软件正版化工作主体责任，建立使用正版软件长效机制，完善工作责任、日常管理、软件配置、软件台账和安装维护等制度。

第二十八条 版权主管部门与有关部门应当按照国家和省的规定，加强对作品引进和出口的监督管理，推动建立版权管理跨部门联动应对机制，维护国家版权核心利益。

第二十九条 省版权主管部门应当采取信息化手段，提升作品登记数字化水平，加强作品登记档案管理和信息公开，引导和鼓励企业事业单位以及其他从事作品创作的单位和个人进行作品登记。

地级以上市可以通过补助、补贴等方式减免作品登记费用。

鼓励社会力量建设相关专业领域作品数据库，提供作品存证、数字取证、版权侵权监测与识别等服务。

第三十条 作品登记实行自愿申请原则。权利人申请作品登记的，应当向省版权主管部门或者其依法委托的单位提出。

申请作品登记，应当如实提交下列材料：

（一）作品登记申请书；

（二）作品原件或者复制件；

（三）作品说明书；

（四）表明作品权属的相关证明；

（五）公民身份证明、法人或者其他组织的设立证明；

（六）依法应当提交的其他材料。

作品登记机构应当自收齐申请材料之日起十五个工作日内完成作品登记核查工作，对符合登记条件的作品应当核发作品登记证；对不符合登记条件的作品，不予登记，并及时告知申请人。

第三十一条 省版权主管部门应当支持和指导版权鉴定机构、版权价值评估机构加强专业化、规范化建设，推动建立版权鉴定技术标准和版权价值评估标准。

第三十二条 省人民政府应当采取政策引导措施，优化版权融资服务，推动版权质押融资、版权证券化，拓宽直接融资渠道，培育版权金融服务市场。

鼓励保险机构依法开发版权交易保险、侵权保险等适应版权产业发展需要的保险产品。

第三十三条 省和地级以上市版权主管部门应当完善版

权社会服务体系，引导和规范基层工作站、版权中心等版权社会服务机构的建设，发挥其在政策研究、宣传培训、咨询服务、纠纷调处等方面的专业优势。

第三十四条 版权行业组织应当制定行业规范，加强自律管理，对其会员的版权工作进行指导，并提供版权政策研究、宣传培训、监测预警、纠纷调处等服务，对违反行业自律规范的行为实施行业惩戒。

第三十五条 省版权主管部门应当建立版权专家库，规范专家库运行管理和专家咨询工作，组织专家开展版权相关重大问题研究，为版权管理和版权产业发展提供咨询服务等专业支持。

第三十六条 省和地级以上市人民政府应当加强版权专业高层次人才的引进和培养，完善版权人才评价、激励、服务、保障制度，营造有利于版权人才发展的良好环境。

省和地级以上市人民政府应当建立政府、高等学校、科研机构、社会组织和企业相结合的版权人才培训体系，加强对版权管理人员和从业人员的培训。

第五章　法律责任

第三十七条 版权主管部门和有关部门及其工作人员违

反本条例规定，在版权工作中滥用职权、玩忽职守、徇私舞弊的，对直接负责的主管人员和其他直接责任人员，依法给予处分；构成犯罪的，依法追究刑事责任。

第三十八条 对版权侵权行为作出的行政处罚决定、司法判决生效后，自然人、法人和非法人组织再次侵犯同一作品版权的，版权主管部门应当给予从重处罚。

第三十九条 自然人、法人和非法人组织有下列情形之一，三年内不得申请政府财政性资金项目和参与表彰奖励等活动，其相关情况按照国家和省的规定纳入公共信用信息平台：

（一）故意侵犯版权严重破坏市场公平竞争秩序的；

（二）有能力履行但拒不执行生效的版权相关法律文书的；

（三）侵犯版权构成犯罪的；

（四）有其他侵犯版权严重失信行为的。

第六章 附 则

第四十条 本条例自2023年1月1日起施行。

第一部分

导 读

2022年9月29日，广东省第十三届人民代表大会常务委员会第四十六次会议以54票赞成、0票反对、0票弃权的结果，全票表决通过了《广东省版权条例》（以下简称《版权条例》）。同日，广东省第十三届人民代表大会常务委员会发布第119号公告，正式公布了《版权条例》，自2023年1月1日起施行。

第一部分简要介绍《版权条例》的立法背景、立法原则、主要内容、特色亮点和实践意义。

一、立法背景

作为全国第一部以"版权"命名的地方性法规，《版权条例》的制定出台，离不开党的创新理论的武装、国家重大战略的引导、广东版权产业的发展、版权地方立法的召唤、信息技术革命的催生。

1. 党中央对知识产权保护的认识不断深化。党的十八大以来，以习近平同志为核心的党中央把知识产权保护工作摆在更加突出的位置，对其赋予了新的时代内涵、明确了新的功能定位、作出了新的部署要求，提出了一系列新思想、新观点、新论断。2020年11月30日，习近平总书记在主持十九届中央政治局第二十五次集体学习时发表重要讲话，系统总结并充分肯定了党的十八大以来我国知识产权保护工作取得的历史性成就，深刻阐明了事关知识产权事业改革发展的一系列方向性、原则性、根本性理论和实践问题，强调知识产权保护工作关系国家治理体系和治理能力现代化、关系高质量发展、关系人民生活幸福、关系国家对外开放大局、关系国家安全；要树立保护知识产权就是保护创新的理念、强化知识产权全链条保护、构建大保护工作格局、提高知识产权保护工作法治化水平等。此次讲话是新时代全面加强知识产权保护工作的根本遵循和行动指南，为《版权条例》的制定出台指明了正确政治方向。

2. 国家知识产权政策法规逐步完善。近年来，党和国家从政策法律层面不断加强知识产权工作的顶层设计和系统谋划。2019年11月，中办、国办印发《关于强化知识产权保护的意见》，制定"严保护""大保护""快保护""同保护"的具体措施。2020年11月，全国人大常委会修改《中华人民共和国著作权法》（以下简称《著作权法》），进一步加强对著作权的保护。2021年9月，中共中央、国务院印发《知识产权强国建设纲要（2021—2035年）》，提出建设中国特色、世界水平的知识产权强国；10月，国务院印发《"十四五"国家知识产权保护和运用规划》，要求全面提升知识产权创造、运用、保护、管理和服务水平；12月，国家版权局印发《版权工作"十四五"规划》，明确版权工作的中心目标、基本任务和主要措施。上述政策法律的相继发布，为《版权条例》的制定出台提供了最新立法依据。

3．广东版权产业成为全省经济的重要支柱。改革开放以来，广东借助毗邻港澳的区位优势、悠久深厚的文化底蕴、持续壮大的经济实力、敢为人先的改革精神，紧紧围绕版权强省建设，推动广东新闻出版、广播影视、软件、游戏电竞、动漫、广告、设计等核心版权产业发展，形成了增速快、体量大、聚集度高的发展态势，产业规模连续多年位居全国首位。2020年，广东版权产业增加值为9735.10亿元人民币，占全国版权产业增加值的13%；占全省GDP的比重达8.79%，比全国平均水平高出1.4个百分点。2022年，广东登记软件著作权超23.87万件，占全国登记总量的13.01%，位列全国第一；完成软件业务收入超1.74万亿元，增长11.1%，位列全国第二。2022年，广东游戏收入达2115.70亿元，占全国的79.6%，位列全国第一。版权产业已经成为广东名符其实的重要支柱产业，也是全国重要的版权产业高地，为《版权条例》的制定出台夯实了雄厚经济基础。

4．全国版权地方立法相对滞后。自1990年9月7日第七届全国人大常委会第十五次会议审议通过首部《著作权法》之后，至2022年3月29日广东省人大常委会审议通过《广东省知识产权保护条例》之前，全国共有8个省（区市）制定出台过9个知识产权地方性法规（政府规章），分别是：北京分别于2001、2007年以"奥林匹克（展会）+知识产权"的命名模式公布2个政府规章；山东、广西人大常委会分别于1997、1998年以"著作权+保护（管理）"的命名模式通过2个地方性法规，并先后于2004、2010年修正；上海于2000年以"著作权+管理"的命名模式发布1个政府规章，并于2010年修正；安徽、浙江、内蒙古、湖北分别于2005、2008、2010、2011年以"著作权+管理"的命名模式发布4个政府规章。上述地方立法距《版权条例》制定出台已有11年至25年之久，而且其内容大都是《著作权法》相关规定的细化。《版权条例》的制定出台，及时填补了全国版权地方立法空白。

5．版权工作面临一系列新问题新挑战。随着新一轮科技革命和产业变革加速演进，新技术新业态蓬勃发展，版权领域侵权易、维权难的现象更加凸显，版权侵权违法行为呈现新型化、复杂化、高技术化等特点，以致版权保护跟不上版权发展的步伐，从而对版权法治化提出了更高要求。从广东来看，仍然存在版权的创造、运用、保护、管理和服务能力不能与经济、科技、文化发展水平相适应的问题，主要表现在体制机制不顺、制度供给不足、创造能力不强、保护措施不力、转化运用不广、交流合作不深等短板，成为制约版权治理体系和治理能力现代化的因素。因此，制定一部立足广东实际、符合广东特点、体现广东探索、护航广东版权产业发展的地方性法规势在必行，以更有效地推动广东经济发展、文化繁荣、科技创新和社会进步。《版权条例》的制定出台，较好地适应了版权工作的新形势新要求。

二、立法原则

《版权条例》的条文数量不多，但其立法难度不小：既要符合版权自身的特点规律，又要结合工作中的重点、堵点和难点问题；既要立足现行政策法规，又要进行理念、思路和举措创新。为较好地解决这些问题，省版权局多次与课题组研究，确定以下立法原则。

1. 坚持政治定向。制定出台《版权条例》，始终坚持以习近平新时代中国特色社会主义思想为指导，坚决贯彻习近平总书记关于知识产权保护工作一系列重要论述精神，全面落实新修订《著作权法》《知识产权强国建设纲要（2021—2035年）》《关于强化知识产权保护的意见》《版权工作"十四五"规划》等党和国家最新法律法规和政策文件精神，较好地体现了党中央、国务院有关知识产权工作的决策部署，体现了促进版权"高质量创造、高效益运用、高标准保护、高水平服务"的目标要求，体现了版权工作的特点规律和基本思路，体现了广东的实践探索和经验做法。

2．坚持实事求是。针对《版权条例》的名称、体例结构以及新业态如何表述等问题，课题组收集各种文献资料，了解最新发展动态，进行反复研究论证。比如，2022年5月17日，在十三届省政府第190次常务会议讨论《版权条例（草案）》时，针对《版权条例》的名称问题进行了专门汇报：首先，"版权"与"著作权"在我国立法实践中已相互通用，使用其中任何一个都是合法有效的；其次，使用"版权"更加契合《版权条例》的体例内容和立法目的，更加符合行业习惯且容易被大众接受，更能体现广东版权大省的特色亮点和责任担当。这一解释，得到与会领导同志的认可和好评。

3．坚持全面保护。版权全面保护是实施创新驱动发展战略、推动高质量发展的重要保障。强化版权全链条保护，不断提升版权执法的质量、效率、公信力，发挥法治在版权治理体系和治理能力现代化中的积极作用。《版权条例》立足广东实际，在系统总结版权工作实践经验的基础上，厘清权利人在现实中面临的难点、痛点问题，针对重点作品、重点领域、重点环节、重点群体，将全面保护作为版权工作主基调，把网络版权保护作为主战场，强化保护力度、拓展保护范围、突出保护重点、增强保护实效，不断提升版权保护水平，维护良好的版权秩序和环境。

4．坚持发扬民主。《版权条例》作为全国首部版权条例，没有先例可资借鉴。此次立法，深入了解实际情况，广泛听取各方声音，充分征求公众意见。省版权局会同课题组和相关部门通过实地考察走访和会议调研等多种方式，先后对广东版权产业进行了一系列立法调研，在此基础上组织开展立法咨询。2019年10月22日，在广州召开"新时代版权立法应对与《广东省版权条例》立法思路研讨暨专家论证会"，专题研究中宣部版权管理局领导、国内有关高校的知名专家学者的意见建议。同时，注重征求基层管理部门、相关行业组织、版权产业部门和版权企业的意见建议，经多次集中修改，前后打磨近20次，最终形成相对成熟的《广东省版权条例（草案）》。2022年5月17日《广东省版权条例（草案）》经省政府常务会议讨论通过并提请省人大常委会审议之后，省版权局配合省人大常委会两位领导先后开展3次专题调研，并会同省人大相关部门进行4轮专家论证和8次研究修改。

三、主要内容

《版权条例》共六章40条，分为总则、版权创造与运用、版权保护、版权管理与服务、法律责任和附则，全文主旨清晰、体系完整，结构合理、内容充实，重点突出、特色鲜明，主要包括以下内容。

（一）强化创新创造制度供给，促进版权有效运用

为了深入实施创新驱动发展战略，推动更多创新成果转化为现实生产力，《版权条例》紧紧抓住创新创造和转化运用这两个关键，设计版权创造与运用相关措施：建立作品创作激励、协同创新和产业融合、版权产业国际交流合作等机制；统筹示范创建工作，构建产业集群；推动新领域版权创造与运用，促进版权交易和版权成果转化等内容。

1. 多维度支持创新创造。省版权局自2010年开始组织"广东省最具价值版权作品"评选认定，取得了良好的社会效果。为发挥制度引领带动作用，进一步激发全社会创新创造活力，《版权条例》对实践经验进行了总结。比如，第七条规定："县级以上人民政府应当按照国家和省的规定对重大版权成果和在版权工作中作出突出贡献的单位和个人给予奖励。"第八条规定："省和地级以上市版权主管部门应当采取措施激励作品创作，实施优秀作品扶持计划，组织开展优秀版权作品评选，重点推动科技创新、数字经济、文化传承与发展等领域作品的创作和转化。"第九条规定，"省和地级以上市人民政府应当建立以权利人为主体、市场为导向、产学研用相结合的版权创造体系"。

2．全方位促进成果转化运用。版权资源只有转化为现实生产力，才能更好地实现其价值。为促进创新要素有序流动、高效配置，推动版权创新成果有效转化运用，《版权条例》作了具体安排。比如，第十三条规定，"省和地级以上市人民政府应当通过规划引导、政策支持、市场主体培育等方式，促进区域优质版权资源汇聚"，"为版权产业集群建设发展创造条件和提供便利"。第十五条第一款规定："省版权主管部门应当健全版权交易机制，在版权确权、价值评估、许可转让和交易服务等方面对市场主体进行引导和规范，促进版权依法流转。"第十六条对成果转化的支持政策作了细化规定。此外，第十七条还突出了对中小微企业版权创新的支持。

3．大力支持版权新业态发展。实施知识产权强国战略，必须积极回应新技术新经济对知识产权制度变革提出的挑战。版权作为知识产权的组成部分，应当紧随新形势的要求，主动适应新产业新模式。为了积极支持版权新业态发展，《版权条例》第十四条规定："省和地级以上市人民政府应当通过政策支持、资金投入、人才保障、新技术推广等方式，推动创新要素集聚，促进版权领域新业态发展。支持和鼓励市场主体通过技术创新、自主研发、授权合作、产业升级、金融投资等方式，促进数字出版、广播影视、软件和信息服务等领域的版权产业发展。"

（二）强化全面保护制度供给，筑牢版权保护屏障

《版权条例》在《广东省知识产权保护条例》的基础上，聚焦版权保护重点领域和突出问题，从制度上进一步落实落细，要求建立版权侵权投诉举报处理、版权执法协作、重点作品版权保护预警、重大案件挂牌督办和版权侵权典型案例发布等制度。

1. 多措并举提高执法效能。近年来，版权违法侵权案件日益呈现出跨领域、跨行业、跨区域等特点，更加需要建立健全多部门的执法协作机制。为此，《版权条例》第十九条第一款规定："县级以上版权主管部门应当加强与公安、海关、市场监督管理、广播电视、网信等有关部门的执法协作，健全执法协作工作机制。"执法能力建设是提高版权行政保护效能的重要手段，《版权条例》第二十四条对此提出要求："县级以上版权主管部门应当加强版权行政执法能力建设，统一执法标准，完善执法程序，强化业务培训、装备建设和新技术应用，提高执法专业化、信息化、规范化水平。"

2．建立重点作品版权保护预警制度。实践证明，加强事前预防，针对重点领域进行有效监测管理，是对版权进行有效保护的关键举措。在总结实践经验的基础上，《版权条例》第二十条第一款规定："省版权主管部门应当建立健全重点作品版权保护预警制度，建立重点关注市场名录，加强对电商平台、展会、专业市场、进出口等重点领域的监测管理，及时组织查处版权侵权行为。"

3．加强新业态版权保护。针对新业态版权侵权行为复杂多发且亟须保护的现状，《版权条例》对完善新业态版权保护制度也作了规范。第二十一条第一款规定："省版权主管部门应当推动新业态版权保护，加强版权治理新问题的研究与监管，完善体育赛事、综艺节目、网络视听、电商平台等领域的新业态版权保护制度。"

4．压实网络服务提供者责任。网络平台版权保护是新时期版权保护的重点领域。为推动网络平台积极履行保护责任，《版权条例》第二十二条规定："网络服务提供者应当依法履行版权保护主体责任，建立版权内部监管机制，采取与其技术能力、经营规模以及服务类型等相适应的预防侵权措施，并完善侵权投诉机制，快速处理版权纠纷。"

5．引导强化自我保护。权利人自我保护意识不强，是版权领域维权难的重要因素之一。为提高权利人保护意识，加强版权源头保护，《版权条例》第二十三条第一款规定：
"鼓励企业、高等学校、科研机构加强风险防范机制建设，建立健全版权保护制度，提高自我保护能力，强化版权源头保护。"

6．从严规定法律责任。考虑到上位法对版权侵权行为的法律责任已经有比较全面的规范，《版权条例》对相关法律责任没有再作重复规定，而是立足实践反映的突出问题，重点对重复侵权行为予以严惩，《版权条例》第三十七、三十八、三十九条分别就行政主体违规责任，对反复侵权行为的从重处罚，以及对自然人、法人和非法人组织与版权相关的失信行为的惩戒进行规定。

（三）强化管理服务制度供给，优化版权发展环境

优化版权领域营商环境，是推动版权产业高质量发展的重要保障。《版权条例》坚持服务与管理并重的理念，既加强版权管理，又优化版权服务，对创新监管方式、软件正版化监管、进出口风险管理、作品登记与存证、版权鉴定和价值评估、金融服务和社会服务、人才培养和队伍建设等方面均作了规定，这些制度对推动广东版权产业健康有序发展具有重要意义。

1．创新版权监管方式。为持续深入推进软件正版化工

作，《版权条例》第二十七条对软件正版化监管也提出要求。为主动适应新形势新情况，充分发挥行政监管效能，《版权条例》第二十六条规定："省版权主管部门应当利用大数据、人工智能、区块链等新技术，健全版权监管工作平台，在作品登记、监测预警、宣传培训等方面创新版权监管方式，提高版权管理和服务能力。"

2. 规范作品登记工作。作品登记对维护权利人合法权益、促进版权有效运用、保障版权交易安全等有着重要作用。为提高作品登记服务质量，《版权条例》第二十九条对提升作品登记数字化水平提出要求；为鼓励权利人进行作品登记，该条第二款规定地级以上市可以通过补助、补贴等方式减免作品登记费用。此外，为方便权利人进行作品登记，《版权条例》第三十条对作品登记具体流程作了详细规定。

3. 延伸版权服务链条。为打通版权服务"最后一公里"，《版权条例》第三十三条对完善版权社会服务体系作出规定，明确省和地级以上市版权主管部门要引导和规范基层工作站、版权中心等版权社会服务机构建设，发挥其在政策研究、宣传培训、咨询服务、纠纷调处等方面的专业优势。

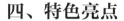

四、特色亮点

为了适应新时代版权工作新形势新要求,《版权条例》聚焦版权治理开展立法探索,全面提升版权保护水平,有效促进创新链、产业链、价值链深度融合,充分发挥版权制度激发市场主体活力和社会创造力的效能,具有鲜明的广东特色。

1. 在法规名称上,在全国首创以"版权"命名。著作权、版权的概念分别来自大陆法系、英美法系国家。这两个概念,虽然在我国立法实践中已相互通用,但由于上位法用的是著作权,对于地方性法规名称是否要与上位法保持一致,无论在理论界还是实务界,都一直存在争议。但考虑到《版权条例》紧紧围绕版权的创造、运用、保护、管理、服务进行制度设计,着力完善版权工作体系,促进版权产业发展,推动版权强省建设,使用"版权"命名更加契合《版权条例》的体例内容和立法目的,更加符合行业习惯且容易被大众接受,更能体现广东版权大省的特色亮点和责任担当。在反复论证的基础上,经省人大常委会、省政府相关会议多次研究,最终确定使用"版权"来命名。

2. 在立法目的上,主要服务于版权产业发展。广东是全国版权大省,版权已成为引领全省经济发展的重要引擎。

2020年，全省版权产业增加值为9735.10亿元人民币，占全国版权产业增加值的13%；占全省GDP的比重达8.79%，比全国平均水平高出1.4个百分点。但从全省来看，还不同程度存在区域发展不平衡、产业布局不合理、转化效益不明显等问题。针对上述问题，《版权条例》非常注重激励版权创新创造与管理服务，着力将全省版权产业打造成为经济转型、文化繁荣、科技创新、社会进步的推进器，全方位护航版权产业发展。

3．在体系结构上，围绕五大关键词谋篇布局。《版权条例》打破传统立法思路，从体制机制上破题、从强化治理上创新、从推动发展上发力，按照"激励版权创造、推动版权运用、加强版权保护、强化版权管理、优化版权服务"的思路，围绕版权"创造、运用、保护、管理、服务"五大关键词谋篇布局，着力打通版权全链条，形成权界清晰、分工合理、责权一致、运转高效的体制机制。

4．在内容逻辑上，突出以版权保护为核心。聚焦版权保护重点领域和突出问题，将全面保护作为版权工作主基调，把网络版权保护作为主战场，全面建立版权侵权投诉举报处理、版权执法协作、重点作品版权保护预警、重大案件挂牌督办和版权侵权典型案例发布等制度，强化保护力度、拓展保护范围、突出保护重点、增强保护实效，不断提升版权保护水平。

5．在制度设计上，充分吸纳广东经验。一是区域合作与国际合作。广东毗邻港澳，区位优势明显，为了提升文化软实力、推动版权"走出去"，《版权条例》明确：省人民政府应当推动粤港澳大湾区版权产业合作；加强版权产业国际交流合作，优化版权国际贸易服务，提升版权产业国际运营能力。二是版权示范创建。《版权条例》明确：省和地级以上市版权主管部门应当根据国家有关规定，在作品创作与传播、版权保护与管理、版权贸易服务等方面开展示范创建工作。三是展会版权授权交易。《版权条例》明确：省和地级以上市人民政府应当利用我省大型展会，促进版权授权交易。四是维护国家版权核心利益。《版权条例》明确：版权主管部门与有关部门应当加强对作品引进和出口的监督管理，维护国家版权核心利益。

6．在热点问题上，积极回应社会关切。一是版权新业态发展。为了适应新技术新产业新模式，第十四条规定："省和地级以上市人民政府应当通过政策支持、资金投入、人才保障、新技术推广等方式，推动创新要素集聚，促进版权领域新业态发展。支持和鼓励市场主体通过技术创新、自主研发、授权合作、产业升级、金融投资等方式，促进数字出版、广播影视、软件和信息服务等领域的版权产业发展。"二是新技术应用。针对侵权盗版行为网络化、高技术化的趋势，第二十一条第二款规定："省和地级以上市版权主管部门应当加强源头追溯、实时监测、在线识别等数字版权保护技术的研发运用，建立打击网络侵权行为的快速反应机制。"第二十三条第二款规定："鼓励采用时间戳、区块链等电子存证技术获取、固定版权保护相关证据。"三是版权鉴定和价值评估。针对这一重点难点问题，第三十一条规定："省版权主管部门应当支持和指导版权鉴定机构、版权价值评估机构加强专业化、规范化建设，推动建立版权鉴定技术标准和版权价值评估标准。"四是版权金融服务。针对版权金融这一新生事物，第三十二条规定："省人民政府应当采取政策引导措施，优化版权融资服务，推动版权质押融资、版权证券化，拓宽直接融资渠道，培育版权金融服务市场。鼓励保险机构依法开发版权交易保险、侵权保险等适应版权产业发展需要的保险产品。"

7. 在立法技术上，注重与相关法律法规相衔接。考虑到《著作权法》对版权侵权行为的法律责任已有明确规定，《广东省知识产权保护条例》第十三条、第十四条分别对"有关行政措施"、"技术调查官"制度也有细化规定，《版权条例》原则上不作重复规定，较好地体现了与上述法律法规的衔接。比如，在法律责任部分，仅对重复侵权行为作出强调，在第三十七、三十八、三十九条中分别就行政主体违规责任，对反复侵权行为的从重处罚，以及对自然人、法人和非法人组织与版权相关的失信行为的惩戒进行规定。

五、实践意义

《版权条例》的制定出台，对广东把握新发展阶段、贯彻新发展理念、发挥版权在构建新发展格局战略支点中的作用，助力实现粤港澳大湾区"一点两地"战略定位，加快建设文化强省、版权强省，实现"走在全国前列、创造新的辉煌"具有重大实践意义。

1. 《版权条例》是广东贯彻落实习近平总书记关于知识产权保护工作重要论述精神的最新版权答卷。总书记强调：要树立保护知识产权就是保护创新的理念，要强化知识产权全链条保护，要构建大保护工作格局等。《版权条例》充分体现了总书记重要论述精神，这是广东版权战线增强"四个意识"、坚定"四个自信"、做到"两个维护"的实际行动。

2. 《版权条例》是广东推进版权领域治理体系和治理能力现代化的最大制度成果。《版权条例》以最新法律法规和政策文件为依据，与早半年制定出台的《广东省知识产权保护条例》相链接，着力打通版权创造、运用、保护、管理、服务全链条，较好地缓解了当前版权制度供给短缺的问题。

3.《版权条例》是广东推动版权产业高质量发展的最强法治保障。《版权条例》以法规形式对版权工作进行全面系统的规定，有效增强了市场主体的法治预期，以法治的力量全方位护航版权产业高质量发展，成为经济转型、文化繁荣、科技创新、社会进步的推进器。

4.《版权条例》是广东应对版权工作新形势新挑战的最优行动方案。《版权条例》虽然只有40条，但涉及版权工作全链条，而且一些规定具有较强的前瞻性和开创性，体现了广东版权界和版权人应对版权工作新形势新挑战的思考和探索。

最后，值得关注的是，在2022年一年之内，广东省人大常委会分别于3月29日、9月29日和11月30日审议通过了《广东省知识产权保护条例》《广东省版权条例》和《广东省地理标志条例》。目前，广东成为全国唯一同时拥有3个知识产权地方性法规的省份。

第二部分

释 义

第一章

总 则

本章共7条，主要对立法目的、适用范围、政府职责、部门职责、考核评价、宣传教育、奖励制度作出规定。本章作为总则，对其他各章起指导与引领作用。

第一条【立法目的】 为了提升版权创造、运用、保护、管理和服务水平，促进版权产业发展，推动版权强省建设，根据《中华人民共和国著作权法》《中华人民共和国著作权法实施条例》等法律、行政法规，结合本省实际，制定本条例。

【释义】本条是关于立法目的的规定。

习近平总书记对知识产权工作高度重视，发表了一系列关于知识产权工作的新论述新要求，丰富了知识产权新的时代内涵，为做好新时代版权工作指明了方向、提供了遵循。2020年11月11日，十三届全国人大常委会第二十三次会议

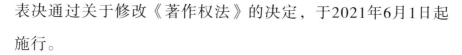

表决通过关于修改《著作权法》的决定，于2021年6月1日起施行。

版权制度是保护创新能力、激励自主创新、促进产业发展的重要基础性制度。近年来，广东出台一系列政策措施，激励作品创作，促进版权流转使用，严厉打击侵权盗版行为，加大对版权的保护工作力度，推动版权产业快速发展。进入新时代，面对新要求，版权在制度层面仍然存在缺乏时代性、创新性、针对性、有效性等问题，成为制约版权治理能力和治理水平进一步提升的因素。

《版权条例》将激励版权创造、推动版权运用、加强版权保护、强化版权管理和优化版权服务作为抓手，以实施创新驱动发展战略和知识产权强国战略，营造良好的版权法治环境，全面提升广东版权工作水平，大力激发全社会创新活力。把促进版权产业发展作为《版权条例》的主要立法目的，是广东深入学习贯彻习近平法治思想和习近平总书记关于知识产权保护工作重要论述精神在版权领域的广东实践探索。

一、提升版权创造、运用、保护、管理和服务水平

2021年12月，国家版权局印发《版权工作"十四五"规划》，对全国版权工作进行了全面部署。编制该规划的目

的是贯彻落实党中央、国务院决策部署，深入贯彻新发展理念，加快构建新发展格局，有效实施创新驱动发展战略，有力支撑创新型国家建设和文化强国、知识产权强国建设，统筹推进版权强国建设，全面提升版权创造、运用、保护、管理和服务水平，不断完善版权工作体系，推进版权治理体系和治理能力现代化。

对标对表中央有关要求，广东省版权工作在制度层面上仍然存在体制机制不顺、制度供给不足等问题。坚持问题导向，补齐工作短板，需要不断完善版权法律制度，弥补版权治理体系和治理能力方面的不足。从落实中央部署、推动科技创新、发展市场经济、应对两大变局、总结实践经验、回应各方关切等层面，不断夯实新时代提高版权治理能力和治理水平的制度基础，以更大力度推进制度创新，加快形成更加适应时代需要的版权治理制度体系。为此，制定一部立足广东实际、符合广东特点、能有效应对新技术对版权管理提出的挑战、体现广东对版权产业做大做强的战略部署和具有科学性、前瞻性的地方性法规具有重大现实意义。

二、促进版权产业发展、推动版权强省建设

知识经济时代，对知识产权的严格保护是国际社会的普

遍共识和时代发展的必然要求。知识产权制度是市场经济条件下激励创新、鼓励竞争的一项基本法律制度。版权作为知识产权的组成部分，加强版权工作已成为科技进步、经济发展和文化繁荣的战略选择。广东是我国经济建设的先行地、改革开放的排头兵、创新发展的试验区，广东地区生产总值连续34年高居全国第一。随着市场化程度不断深入，社会财富快速聚积，经济增长量大质优，我省经济社会发展步入了重要转型期。版权与经济、科技、文化、金融的融合发展程度日益提高，版权产业作为一种独立的新经济形态也得到迅速催生和发展。

《版权条例》以"促进版权产业发展"为主要立法目的，高度重视版权在推动广东经济社会高质量发展中的重要作用，坚持以人民为中心的工作导向，鼓励有益于社会主义精神文明、物质文明建设的作品的创作和传播，满足人民日益增长的美好生活需要。迈上新征程，奋进新时代，广东将以《版权条例》制定出台为契机，紧紧围绕"版权强省"这一重要任务，努力构建版权有效保护和版权产业快速发展两大格局，深入实施版权社会服务、版权保护、版权示范创建等三个重大工程，继续完善版权法律制度、版权执法监管、版权社会服务和版权涉外应对等四大体系建设，坚持立法与执法、监管与服务、网下与网上、国内与国际、保护与发展五大举措并重，着力在宣传教育、政策扶持、队伍建设、强化版权保护、推动产业发展等五个方面下功夫见成效，为推动经济社会高质量发展，贡献广东版权力量。

第二条【适用范围】 本条例适用于本省行政区域内版权创造、运用、保护、管理和服务以及相关活动。

【释义】本条是关于适用范围的规定。

《版权条例》的适用范围，包括空间效力和对人的效力。

1. 空间效力：适用于广东省内所有版权创造、运用、保护、管理和服务及相关活动。对于跨省或跨境的版权相关活动，适用国家相关法律法规或国际条约。

2. 对人的效力：适用于广东省内所有自然人、法人和非法人组织。任何单位和个人都应当遵守相关规定，不得侵犯他人的版权。如有侵权行为，应当承担相应的法律责任。

《版权条例》适用于本省行政区域内版权创造、运用、保护、管理和服务等全链条的相关活动，其目的是全面提升版权创造、运用、保护、管理和服务水平，不断完善版权工作体系，推进版权治理体系和治理能力现代化，深入推进版权国际合作，促进建设现代化经济体系，激发全社会创新活力，有力支撑经济社会高质量发展。

第三条【政府职责】 县级以上人民政府应当将版权工作纳入国民经济和社会发展相关规划，将版权工作经费纳入本级财政预算。

县级以上人民政府应当建立版权工作领导和协调机制，统筹推进版权工作，协调解决重大问题。

【释义】本条是关于政府职责的规定。

本条明确了县级以上人民政府关于版权工作的相关职责，强调将版权工作纳入国民经济和社会发展相关规划，将版权工作相关经费纳入本级财政预算，进一步凸显版权在经济社会发展中的重要作用，要求县级以上地方政府坚持规划引领，保证经费投入，依法开展版权工作。

一、将版权工作纳入国民经济和社会发展相关规划

本条第一款规定了县级以上人民政府版权工作职责，即县级以上人民政府应当将版权工作纳入国民经济和社会发展相关规划，充分发挥规划的指引作用，对版权工作进行战略性、宏观性、政策性规划。

2021年10月，国务院印发的《"十四五"国家知识产权保护和运用规划》，是国家关于知识产权的专项规划，充分

体现了习近平总书记和党中央、国务院对知识产权工作的高度重视与殷切期望。2021年12月，国家版权局印发的《版权工作"十四五"规划》，是"十四五"期间我国版权工作发展的重要文件，贯彻落实好这一规划，将对推进版权工作高质量发展具有十分重要的意义。该规划强调要推动将版权工作纳入各级党委和政府的重点规划和重点工作；加强对各级版权主管部门的指导协调，发挥中央和地方两个层面的积极性；推动各级版权主管部门结合工作实际，研究制定具体政策措施，协同推进版权工作体系建设。该规划要求推动将版权工作纳入各地重大规划，争取财政及其他相关政策支持；引导地方政府给予版权工作专项资金或优惠政策；对西部欠发达地区、少数民族地区版权重点工作加强指导、扶持。

综上所述，将版权工作纳入国民经济和社会发展相关规划是编制国民经济和社会发展规划的一项重要内容，也是落实《知识产权强国建设纲要（2021—2035年）》《"十四五"国家知识产权保护和运用规划》《版权工作"十四五"规划》的具体体现。

二、将版权工作经费纳入本级财政预算

2019年11月，中办、国办印发《关于强化知识产权保

护的意见》，要求"加强体制机制建设，制定配套措施，落实人员经费"。《版权工作"十四五"规划》明确要求"推动将版权工作纳入各地重大规划，争取财政及其他相关政策支持。引导地方政府给予版权工作专项资金或优惠政策"。

版权工作作为知识产权工作体系中的一个组成部分，工作内容多、链条长，相关工作既涉及源头上的激励促进，又涉及中端的转化运用，还包括相关维权和救济，为保障有关工作顺利开展，有必要将相关工作经费纳入财政预算。为此，本条第一款要求县级以上人民政府将版权工作经费纳入本级财政预算，并加强财政预算与版权相关规划实施的相互衔接协调，对版权相关规划实施予以合理保障，为版权工作顺利开展提供充分的财政经费保障。

三、版权工作领导和协调机制

2020年11月30日，习近平总书记在十九届中央政治局第二十五次集体学习时的重要讲话中提到，要"强化知识产权工作相关协调机制"。中共中央、国务院印发的《知识产权强国建设纲要（2021—2035年）》，要求"建立健全本纲要实施与国民经济和社会发展规划、重点专项规划及相关政策相协调的工作机制"。

为此，本条第二款规定了县级以上人民政府加强版权工作领导和协调机制建设的职责，要求各级人民政府通过优化协作衔接机制，健全涉外沟通机制等方式加强版权工作领导和协调机制建设，旨在建立政府组织领导、部门分工合作的版权工作机制，形成政府统一领导、部门各负其责的工作局面，统筹版权工作的开展、机制建设、服务提供等，并协调解决工作中遇到的重大问题。

第四条【部门职责】 县级以上版权主管部门负责本行政区域的版权工作。

网信、新闻出版、电影、发展改革、教育、科技、工业和信息化、公安、司法行政、财政、人力资源社会保障、住房城乡建设、商务、文化和旅游、市场监督管理、广播电视、海关等有关部门，按照各自职责做好版权相关工作。

【释义】本条是关于部门职责的规定。

《版权条例》规定了各级人民政府落实版权工作的属地责任，负责本行政区域的版权工作。属地责任，是指各级人民政府按上级要求和标准对其行政管辖区域的版权工作履行组织领导、统筹协调和具体实施等职责，并对辖区内版权工作及其结果承担责任。版权工作是一项系统工程，涉及法律、行政、经济、技术和社会治理，包含版权的创造、运用、保护、管理和服务等环节，需要网信、新闻出版和电影等相关部门齐抓共管，按照各自职责做好版权相关工作。

习近平总书记在十九届中央政治局第二十五次集体学习时的讲话中强调："各级党委和政府要落实责任，强化知识产权工作相关协调机制，重视知识产权人才队伍建设，形成工作合力，坚决打击假冒侵权行为，坚决克服地方保护主义。"《著作权法》第七条明确"县级以上地方主管著作权的部门负责本行政区域的著作权管理工作"；《版权工作"十四五"规划》明确：版权工作应当加强与有关部门的协作、协调配合、联系沟通。

为理顺版权工作管理体制和运行机制，既发挥好政府保障作用，又能推动部门间形成工作合力，本条在《著作权法》的基础上，进一步明确县级以上版权主管部门的职责要求，既要使版权主管部门积极作为，同时也要求有关部门根据职责做好版权相关工作，做到既不缺位、也不越位。

一、版权主管部门的职责

本条第一款明确了版权主管部门的法律定位、职责权能。2020年修订的《著作权法》第七条规定："国家著作权主管部门负责全国的著作权管理工作；县级以上地方主管著作权的部门负责本行政区域的著作权管理工作。"根据《深化党和国家机构改革方案》，原国家新闻出版广电总局的新闻出版管理职责划入中央宣传部，中央宣传部对外加挂国家新闻出版署、国家版权局的牌子，且《著作权法》修法时根据著作权执法管理的需要，将第七条中的"各省、自治区、直辖市人民政府的著作权行政管理部门"扩大到"县级以上地方主管著作权的部门"，以加强对著作权的保护。将地方管理部门由省级扩大到县级，主要是赋予基层执法管理权。地方机构改革同样跟进，县级以上党委宣传部基本上加挂了"版权局"牌子，履行版权主管部门职责。

这里需要说明的是关于版权行政执法部门的问题。《深化党和国家机构改革方案》提出，整合组建文化市场综合执法队伍，统一行使文化、文物、出版、广播电视、电影、旅游市场行政法职责。在广东，省级层面省委宣传部（省版权局）是版权主管部门，在地市和县区，则分别由宣传部（版权局）负责版权行政管理、文化广电旅游体育部门负责版权执法，而且基层是版权执法的主要力量。在《版权条例》审议过程中，有意见建议提到要明确版权主管部门和执法部门，厘清各自职权和职责，并在相应条款中明确主体，确保版权行政管理领域的职责权限清晰，避免产生执法推诿。根据《著作权法》第七条"县级以上地方主管著作权的部门负责本行政区域的著作权管理工作"，《版权条例》相关条文中明确的主体为"版权主管部门"，这是法定的版权行政管理职能部门。

关于版权行政执法，根据《中华人民共和国行政处罚法》《中华人民共和国行政强制法》规定，以及国务院关于推进相对集中行政处罚权工作的相关要求，《版权条例》严格遵循法制统一原则，与上位法规定保持一致。对此，广东2021年出台《广东省人民政府关于开展文化市场综合行政执法工作的公告》，明确地级以上市、县（市、区）版权相关行政执法工作由同级文化市场综合行政执法机构在其管辖区域内，以文化广电旅游体育部门名义集中行使。按照本省地方性法规立法的实际，法定职责仍按照上位法规定明确由版权主管部门行使，具体行政执法工作则依照相对集中行政处罚权的要求由综合执法部门行使，通过"法律法规+省政府决定"配套实施的形式明确版权执法部门，更符合上位法精神和立法技术规范要求。

二、其他有关部门的职责

版权工作是一项社会化较强的系统性工作，需要各方面力量的协同配合。版权创造、运用、保护、管理和服务涉及多个方面的政策措施，需要各部门齐心协力、合理调配资源。《版权工作"十四五"规划》提出："加强与工信、公安、海关、市场监管、网信等部门的执法协作"；"加强与重要行业和重点领域主管部门协调配合，推动文化、教育、卫生、金融、能源、交通、新闻出版等重要行业和重点领域软件正版化工作制度化规范化"；"加强与立法、司法机关，以及外交、商务、知识产权等领域的部门联系沟通，强化对地方有关部门工作的管理和指导，推动建立多部门、多层级、多行业的国际版权联动应对机制，切实维护国家版权核心利益"。

本条第二款明确规定网信、新闻出版、电影、发展改革、教育、科技、工业和信息化、公安、司法行政、财政、人力资源社会保障、住房城乡建设、商务、文化和旅游、市场监督管理、广播电视、海关等相关部门，在版权工作方面也负有一定法定职责，须按照各自职责做好版权相关工作。有关部门按照各自职责，通过分工协作，实现统筹协调，形成既规范有序又各负其责、既统筹协调又分工明确的良好格局，共同提高版权工作效率和效益，为版权相关工作提供强大的组织保障，通过各部门协调配合，切实提高整合调动全社会力量、组织重大版权成果创新和保护能力，推进知识产权强国建设。

在广东省版权工作实践中，更需要充分发挥有关部门的作用。发展改革部门主要负责相关重点领域版权保护和促进的战略制定；教育部门主要负责版权保护教育的推进工作；科技部门主要负责推进版权在技术领域的创造运用；工业和信息化部门主要负责推进版权在工业领域的创造运用；公安部门主要负责版权相关犯罪立案、侦查等工作，促进行政执法与刑事司法的衔接；司法行政部门主要负责版权保护的法律服务与引导监督；财政部门主要负责版权工作的经费预算编制相关工作；人力资源社会保障部门主要负责版权人才管理；商务部门主要负责涉外、涉商事的版权保护工作；文化和旅游部门主要负责开展地方特色文化、非物质文化遗产、文化文物、文化创意产品等领域的版权保护工作；海关部门主要负责进出口货物的版权保护工作。

第五条【考核评价】 省人民政府应当将版权工作纳入政府绩效考核以及营商环境评价体系。

县级以上人民政府应当根据国家和省有关考核评价指标体系要求，组织开展版权考核评价工作。

【释义】本条是关于考核评价的规定。

政府绩效考核是指一级政府对政府各职能部门的工作进行评估、监督和激励的一种管理方式。其目的是提高政府部门的工作效率和服务水平，促进政府治理能力的提升。将版权工作纳入政府绩效考核有利于促进版权法律法规的贯彻执行，有利于促进版权产业的高质量发展，有利于加强版权保护，有效打击侵权盗版等违法行为，维护版权人权益，有利于提高政府部门的工作效率和服务水平。

2019年11月，中办、国办印发《关于强化知识产权保护的意见》，提出要"强化考核评价"。2021年12月，国家版权局印发《版权工作"十四五"规划》，提出要"强化考核评价""建立健全考核评价制度"。加强对版权工作考核评价，是落实版权工作属地责任和全面加强版权保护的有效机制，也是全面贯彻中央《关于强化知识产权保护的意见》《版权工作"十四五"规划》的重要举措，有助于落实政府部门工作职责，激发创新活力，进一步优化广东市场化、法治化、国际化营商环境。

为此，《版权条例》第五条着重就完善考核评价机制作出规定，以发挥考核评价的"指挥棒"作用，压实主体责任。

一、将版权工作纳入政府绩效考核以及营商环境评价体系

《关于强化知识产权保护的意见》明确提出，要"将知识产权保护绩效纳入地方党委和政府绩效考核和营商环境评价体系"。《版权工作"十四五"规划》聚焦版权工作领域，具体强调"推动地方将版权工作纳入党委和政府绩效考核及营商环境评价体系"。

一是关于政府绩效考核。政府绩效考核重点考评政府部门依法履行职责、完成绩效目标、加强自身建设、推进改革创新情况，开展以行政业绩、行政质量、行政效率、政府公信力为基本内容的综合绩效客观评估和多层面的综合绩效主观评价。将版权工作纳入政府绩效考核体系，纳入地方领导政绩考核内容，即是以制度化、规范化建设促进版权工作落实的抓建思路，将其纳入政府绩效考核评价体系，坚持与经济社会发展指标同步筹划、一并部署、一起考评，通过考评再促进版权工作提升，从而为版权产业高质量发展提供组织保障。

二是关于营商环境评价体系。国务院专门出台《优化营商环境条例》，提出要建立和完善以市场主体和社会公众满意度为导向的营商环境评价体系，组织开展营商环境状况

测评，一方面发挥营商环境评价对优化营商环境的引领和督促作用，另一方面激发各级部门贯彻执行法律政策的动力和活力，从而打通政策落地的"最后一公里"，切实解决政策执行的"中温下冷"问题。2021年，国家知识产权局印发《关于深化知识产权领域"放管服"改革优化创新环境和营商环境的通知》，部署六个方面16项改革举措，在更大范围、更宽领域、更深层次上，进一步深化改革，激发创新动力。

近年来，广东省委、省政府将知识产权保护纳入绩效考核和营商环境评价体系，全面提升了广东知识产权保护工作水平，知识产权政策体系、管理体系和服务体系得以完善，引领创新驱动能力、支撑产业发展能力和塑造营商环境能力得以提升，全省知识产权工作取得新成效。为落实国家有关要求，根据工作实际，《版权条例》参照《广东省知识产权保护条例》第四十五条"省人民政府应当建立健全知识产权保护工作考核机制，对县级以上人民政府及其负责知识产权保护的主管部门和相关部门依法履行知识产权保护工作职责的情况进行考核"，对省政府将版权工作纳入政府绩效考核以及营商环境评价体系作出相关规定。

二、组织开展版权考核评价工作

为了深入贯彻落实党中央、国务院关于强化知识产权保护的决策部署，全面加强知识产权行政保护工作，中办、国办组织开展各省、自治区、直辖市知识产权工作绩效考核。

近年来，广东根据国家有关知识产权考核评价指标体系要求，组织开展知识产权考核评价工作。省人民政府根据本省知识产权保护工作需要，按照一定标准和原则设计考核评价指标与绩效评价指标，从考核评价与绩效评价等维度建立健全知识产权保护工作考核机制，对被评价的主体（县级以上人民政府及其负责知识产权保护的主管部门和相关部门）实现知识产权保护工作目标的情况进行评估、判断，作出考核结论。知识产权保护工作考核的目的，在于调动县级以上人民政府及其负责知识产权保护的主管部门和相关部门的工作积极性、主动性与创造性，促进相关工作人员依法履行职责，提高知识产权服务效能，奋力实现全省知识产权事业的发展。

聚焦到版权工作领域，《版权工作"十四五"规划》要求："建立健全考核评价制度，加强对各级版权主管部门的督促检查，确保各项工作要求有效落实。……完善通报约谈机制，推动地方党委和政府加大版权工作力度。"《版权条例》旨在要求县级以上人民政府将版权工作纳入政府绩效考核评价体系，根据国家和省关于考核评价的指标体系要求，组织开展版权考核评价工作。

第六条【宣传教育】 县级以上人民政府应当开展常态化的版权宣传教育，建立版权新闻发布制度，定期向社会发布有关版权政策、重大事件和典型案例等信息。

新闻媒体应当以开辟专栏、刊播版权保护公益广告等方式，开展版权宣传教育活动，营造全社会崇尚创新、尊重和保护版权的良好氛围。

【释义】本条是关于宣传教育的规定。

开展版权宣传教育，有利于提高各级政府以及社会公众对版权保护重要性和必要性的思想认识，促进社会各界积极参与到版权保护工作中来，推动版权保护法律法规的有效实施。在知识经济时代，版权已经成为重要的财富资源和创新驱动力，版权宣传教育可以帮助公众树立正确的版权观念，增强版权意识，推动版权的创新、保护和利用。

版权新闻发布制度是指版权主管部门任命或指定的专职或兼职新闻发布人员，在一定时间内就有关版权政策、版权重大事件和版权典型案例，举行新闻发布会，或约见记者，发布有关新闻或阐述本部门的立场观点，并代表有关部门回答记者的提问的一项社会活动。

在本条中，一是规定了县级以上人民政府应当建立版权新闻发布制度，定期向社会发布有关版权政策、重大事件和典型案例等信息，调动全社会与侵权盗版行为作斗争的积极性，增强全社会的版权保护意识；二是规定了加强版权宣传引导，把贯彻落实党中央、国务院的决策部署作为版权宣传工作的着眼点，建设常态化、立体化和精准化的版权宣传机制。新闻媒体应当综合运用多种媒体形态，不断提升版权宣传的生动性和有效性，及时准确回应社会关注、产业关切、群众关心的版权热点焦点问题，营造全社会崇尚创新、尊重和保护版权的良好氛围，提高全社会版权意识。

《"十四五"国家知识产权保护和运用规划》提出，要"构建知识产权大宣传格局"；《版权工作"十四五"规划》提出版权工作的发展目标之一，是版权宣传教育持续深入开展，尊重版权的社会风尚更加浓厚，版权营商环境明显优化，版权保护社会满意度保持较高水平。《版权条例》在省人大常委会审议阶段，有多名委员均认为版权宣传教育对于提升社会公众版权保护意识具有重要作用，建议增加强化版权宣传教育相关内容。

近年来，广东在版权宣传方面积累了不少经验。比如，持续开展新修订《著作权法》宣讲活动，组织参加全国大学生版权征文活动，发布广东版权产业经济贡献报告、广东省版权十大案件，举办"4·26"版权宣传周主题活动、广东省大学生版权知识演讲大赛，做好南国书香节和省内举办的各大展会的版权服务工作，多角度多渠道扩大版权宣传的覆盖面和影响力，进一步提升社会公众的版权意识，营造了良好的版权保护社会氛围。

本条第二款规定："新闻媒体应当以开辟专栏、刊播版权保护公益广告等方式，开展版权宣传教育活动，营造全社会崇尚创新、尊重和保护版权的良好氛围。"本条款注重加强版权宣传教育，旨在筑牢版权保护屏障，要求县级以上人民政府应当开展常态化的版权宣传教育，建立版权新闻发布制度，定期向社会发布有关版权政策、重大事件和典型案例等信息。要提高人们的版权意识，切实维护创作者的版权，加强对有关法律法规的宣传势在必行。时代在不断变化，社会公众的守法意识也应与时俱进，让人们在法律的规矩里成方圆。版权意识是国民素养的重要表现，是衡量国民文明程度的重要尺度。加强对各类文化产品版权保护的宣传教育，提升全社会版权保护意识，是建设文化强国的重要内容。

新时代背景下，版权全面保护已被作为版权执法监管的主要基调和基本导向。相应地，版权监管工作也应加强事前预防、事中监管和事后严惩的全面监管。为进一步有力查处版权侵权案件，参照地方税务局、消保委等单位采取定期或不定期公开曝光重大违法行为，从而对潜在的违法行为起到强有力的警示作用，对未查处的违法行为也起到主动自查自纠作用，实现法治效果与社会效果的统一。

第七条【奖励制度】　县级以上人民政府应当按照国家和省的规定对重大版权成果和在版权工作中作出突出贡献的单位和个人给予奖励。

【释义】本条是关于奖励制度的规定。

奖励是政府推动工作的重要抓手之一，也是调动各方积极因素，营造良好工作氛围的重要手段，具有鲜明的价值导向和强大的引领功能，向社会释放强大正能量。通过奖励进一步发挥先进典型的正面感召力，引导社会公众自觉地向先进典型看齐、与先锋模范对标，将极大推动全社会加快形成争做先锋的时代风尚，形成重大版权成果不断涌现和先进典型层出不穷的生动局面，推动版权创造活力竞相迸发，成果转化运用卓有成效。

激励创造就是激励创新，习近平总书记反复强调："创新是引领发展的第一动力，是建设现代化经济体系的战略支撑。"2019年11月，中办、国办印发《关于强化知识产权保护的意见》，要求加强奖励激励。奖励激励制度是政府加强和重视版权创造、运用、保护、管理和服务的重要导向，也是激发全社会参与版权创造与运用的有效手段。国家层面的政府奖励制度已有相关规范（奖项有"中国版权金奖""中国出版政府奖"等）；在科技创新和专利方面，广东省政府已分别设立科技创新奖与广东专利奖。

中共中央、国务院印发的《知识产权强国建设纲要（2021—2035年）》提到加强条件保障，要求完善中央和地方财政投入保障制度，综合运用财税、投融资等相关政策，形成多元化、多渠道的资金投入体系，突出重点，优化结构，保障任务落实。按照国家有关规定，对在知识产权强国建设工作中作出突出贡献的集体和个人给予表彰。《广东省知识产权保护和运用"十四五"规划》同样也提到，加强知识产权强国先行示范省建设经费预算保障，围绕知识产权重大战略任务，按知识产权领域财政事权和支出责任，相关经费纳入各级财政预算予以保障。各地结合工作实际，对实施本规划的经费予以必要保障，优化经费支出结构，提高经费使用效能，严格预算执行，全面实施绩效管理，发挥审计监督作用，推动"十四五"规划全面落实，表彰奖励工作中作出突出贡献的集体和个人。

在版权领域，为激励作品创作，2010年以来，省版权局组织开展了"广东省最具价值版权作品"的评选认定活动，促进了优秀版权作品的创造性转化和创新性发展，取得了良好的社会效果。

2012年，为深入实施《国家知识产权战略纲要》和《珠江三角洲地区改革发展规划纲要（2008—2020年）》，充分发挥知识产权对经济社会发展的助推器作用，扎实推进创新型广东建设，促进产业转型升级，加快建设知识产权强省，广东省委、省政府印发的《关于加快建设知识产权强省的决定》中提到，"重奖重大知识产权发明创造者""有条件的市、县（市、区）政府应建立和完善知识产权奖励制度"。广东省加大对创新创意的政策激励力度，通过鼓励创优激发各级政府抓好实施创新驱动发展战略的内生动力。

《版权工作"十四五"规划》也有相关要求：一是继续开展"中国版权金奖"评选、版权保护优秀案例示范点调研、网络版权保护与发展大会、版权国际论坛等工作；二是完善侵权盗版举报奖励机制，鼓励和引导权利人积极投诉侵权盗版行为，激发社会公众参与版权保护的积极性和主动性；三是完善扶持政策，积极与财政、金融、税务、发展改革等部门沟通协调，推动将版权工作纳入各地重大规划，争取财政及其他相关政策支持，引导地方政府给予版权工作专项资金或优惠政策。

2020年，广东省委办公厅、省政府办公厅《关于强化知识产权保护的若干措施》中提到加强奖励激励的相关措施。因此，参照《中华人民共和国促进科技成果转化法》第二十条等有关法律法规规定，结合广东实际设立版权方面的相关奖励制度，很有必要。

第二章

版权创造与运用

本章共11条，主要对激励创造、协同创新与产业融合、大湾区合作、国际交流合作、示范创建、产业集群建设、新业态发展、交易机制、成果转化、支持中小微企业、产业统计和研究作出规定。

第八条【激励创造】 省和地级以上市版权主管部门应当采取措施激励作品创作，实施优秀作品扶持计划，组织开展优秀版权作品评选，重点推动科技创新、数字经济、文化传承与发展等领域作品的创作和转化。

【释义】本条是关于激励创造的规定。

激励作品创作。要求省和地级以上市版权主管部门通过资金扶持、政策引导、优秀作品评选等措施，鼓励和支持各类优秀作品的创作，形成优秀作品创造性转化、创新性发展的良好局面，推动版权产业繁荣发展。

实施优秀作品扶持计划。要求省和地级以上市版权主管部门应当结合实际制定本行政区域内扶持优秀作品的实施意见、行动规划和计划，通过资金奖补、政策支持、优秀作品评选等方式，对优秀作品进行扶持和推广。

组织开展优秀版权作品评选。要求省和地级以上市版权主管部门应当组织专业评审力量，对各类优秀版权作品进行评选，选出优秀的作品开展成果转化和运用，进行激励与扶持。

科技创新是原创性科学研究和技术创新的总称，是指创造和应用新知识、新技术、新工艺，采用新的生产方式和经营管理模式，开发新产品，提高产品质量，提供新服务的过程。科技创新可以分成三种类型：知识创新、技术创新和现代科技引领的管理创新。

数字经济是一个内涵比较宽泛的概念，凡是直接或间接利用数据来引导资源发挥作用，推动生产力发展的经济形态都可以纳入其范畴。在技术层面，包括大数据、云计算、物联网、区块链、人工智能、5G通信等新兴技术。在应用层面，"新零售""新制造"等都是其典型代表。

文化传承与发展是指对优秀传统文化进行继承、保护和创新，以适应现代社会高速发展的需要。中华民族是拥有几千年历史的灿烂文化的礼仪之邦，有着深厚的文化底蕴。在不断变更的新时代，秉持着"古为今用、洋为中用，去粗取精、去伪存真"的精神将中华优秀传统文化与现代社会主义文化相结合，将那些非常重要的、具有特殊意义的文化沉淀下来。在传统文化的基础上注入创新活力的血液，使其衍生为符合我国国情的新时代文化精神。

重点推动科技创新、数字经济、文化传承与发展等领域作品的创作和转化。要求省和地级以上市版权主管部门应当重点关注科技创新、数字经济、文化传承与发展等领域的作品，鼓励和支持这些领域的作品的创作和转化，加快推动这些领域的发展。

一、科技创新

广东高度重视自主创新，2019年对《广东省自主创新促进条例》进行了较大幅度的修订，第一条便开宗明义，明确制定本条例的宗旨是为了贯彻新发展理念，强化创新第一动力，提高自主创新能力，推动产业转型升级，形成以创新为主要引领和支撑的现代化经济体系，促进经济社会高质量发展。随后，广东又相继于2021年7月通过了《广东省数字经济促进条例》、2022年1月通过了《广东省中新广州知识城条例》，均将推进数字金融科技创新平台建设、集聚科技创新要素、完善科技创新体系、深化科技体制改革、提高科技创新能力作为立法的重要目的与宗旨。因此，进入新时代，广东要充分引导和支持版权作品通过科技创新向数字经济、文化传承与发展等领域拓展，促进其向市场顺利转化，实现社会价值和经济价值最大化。

二、数字经济

当前，新一轮科技革命和产业变革深入发展，数字化转型已经成为时代的大势所趋。因此，加强科技创新、发展数字经济是把握新一轮科技革命和产业变革新机遇的必然选择。数字经济是数字时代国家综合实力的重要体现，是构建现代化经济体系的重要引擎。世界主要国家均高度重视发展数字经济，纷纷出台战略规划，采取各种举措打造竞争新优势，重塑数字时代的国际新格局。当今世界，数字经济发展速度之快、辐射范围之广、影响程度之深前所未有，正推动生产方式、生活方式和治理方式深刻变革，成为重组全球要素资源、重塑全球经济结构、改变全球竞争格局的关键力量。《"十四五"数字经济发展规划》明确提出，要以数据为关键要素，以数字技术与实体经济深度融合为主线，加强数字基础设施建设，完善数字经济治理体系，协同推进数字产业化和产业数字化，赋能传统产业转型升级，培育新产业新业态新模式，不断做强做优做大我国数字经济，为构建数字中国提供有力支撑。

三、文化传承与发展

习近平总书记在党的二十大报告中指出，要坚持以人民为中心的创作导向，推出更多增强人民精神力量的优秀作品，健全现代公共文化服务体系，实施重大文化产业项目带动战略。循此目标，我们在版权领域作品的创作和转化过程中，要善于主动挖掘广东历史文化传承与文化发展中的积极因素，阐述传统文化在构建中华民族共有精神家园、构建人类命运共同体当中的纽带作用与认同作用，阐述传承广东省优秀传统文化坚持的方针原则和目标任务，突出强调坚守中华文化立场，推动中华优秀传统文化创造性转化、创新性发展的时代使命和责任担当，深入挖掘阐发传统文化精髓、构建粤府文化基因理念体系、提炼展示中华文明精神标识，使广东省最基本的文化基因与当代文化相适应、与现代社会相协调，把跨越时空、超越国界、富有永恒魅力、具有当代价值的文化精神弘扬起来。

关注和重视科技创新、数字经济、文化传承与发展等领域作品的创作与转化，是新时代新征程广东高质量发展的战略选择。广东作为全国的版权大省与版权强省，高度重视版权作品的创造和创新。为激励版权领域作品创新，省版权主管部门组织了许多卓有成效的活动，如认定扶持广东省版权兴业示范基地，评选广东省最具价值版权产品等，取得了良好的经济效益与社会效益。广东省委、省政府印发的《关于贯彻落实〈粤港澳大湾区发展规划纲要〉的实施意见》，对科技创新、数字经济、文化传承与发展作出了系统规划，各地应当抓好贯彻落实。值得注意的是，《版权条例》第七条关于"县级以上人民政府应当按照国家和省的规定对重大版权成果和在版权工作中作出突出贡献的单位和个人给予奖励"之规定，亦可与本条互为补充，其中各种形式的奖励可以作为激励作品创作，实施优秀作品扶持计划的重要措施与抓手。

第九条【协同创新与产业融合】 省和地级以上市人民政府应当建立以权利人为主体、市场为导向、产学研用相结合的版权创造体系，支持高等学校、科研机构、社会组织和权利人共建版权产业协同创新平台，推动版权成果的转化与运用，促进版权工作与科技、文化、金融等相关产业深度融合发展。

【释义】本条是关于协同创新与产业融合的规定。

版权创造体系是指融版权创造主体、创造环境和创造机制于一体，促进全社会版权创造资源合理配置和高效利用，促进创造机构之间相互协调和良性互动，充分体现创造意志和目标的系统。

协同创新是以知识增值为核心，企业、政府、知识生产机构和中介机构等为了实现重大科技创新而建立起来的大跨度整合的创新组织模式。协同创新是通过国家意志的引导和机制安排，促进企业、高等学校、研究机构发挥各自的能力优势、整合互补性资源、实现各方的优势互补，加速技术推广应用和产业化，协作开展产业技术创新和科技成果产业化活动，是当今科技创新的新范式。

产业融合是指不同产业或同一产业不同行业相互渗透、相互交叉，最终融合为一体，逐步形成新产业的动态发展过程。产业融合可分为产业渗透、产业交叉和产业重组三类。当前，产业融合已经不仅仅是作为一种发展趋势来进行讨论，而是产业发展的现实选择。

一、版权创造体系

众所周知，在大规模的生产方式与市场经济背景下，以企业为主体的权利人群体是作品创新创造体系的主要实施主体，市场则是版权创新创造与运营交易的目标与归宿。

由于科技创新能力还不强，关键核心技术还较为缺乏，我国大中型企业与发达国家相比，总体上还有较大差距，在国际竞争中处于劣势。因此，要大幅提高核心竞争力，缩小与发达国家企业的差距，关键是要及时适应国内外经济形势新变化，把科技创新作为企业提高核心竞争力的重要支撑。党的十八大报告明确提出，要提高大中型企业核心竞争力，着力构建以企业为主体、市场为导向、产学研相结合的技术创新体系，以全球视野谋划和推动创新，全力突破重大技术瓶颈。加快新技术新产品新工艺研发应用，加强技术集成和商业模式创新。

中共中央、国务院印发的《知识产权强国建设纲要（2021—2035年）》在论述"建设激励创新发展的知识产权市场运行机制"时强调，要完善以企业为主体、市场为导向的高质量创造机制。引导市场主体发挥专利、商标、版权等多种类型知识产权组合效应，培育一批知识产权竞争力强的世界一流企业。可以看出，企业是建立版权创造体系和助力构建版权产业协同创新平台，促进版权工作与科技创新深度融合发展的重要力量。

国务院印发的《"十四五"国家知识产权保护和运用规划》，则从优化知识产权运营服务体系的角度提出知识产权运营机构建设的重要性。该规划强调：推动在重点产业领域和产业集聚区建设知识产权运营中心，培育发展综合性知识产权运营服务平台，创新服务模式，促进知识产权转化；支持高等学校和科研院所加强市场化知识产权运营机构建设，提升知识产权转化能力。

2019年7月，广东省委、省政府出台《关于贯彻落实〈粤港澳大湾区发展规划纲要〉的实施意见》，明确了加快构建跨境产学研合作机制，完善科技企业孵化育成体系，推动珠三角国家科技成果转移转化示范区建设，支持设立粤港澳产学研创新联盟，完善"省部院"产学研合作机制、产学研深度融合创新体系，培育建设华南技术转移中心、国家技术转移南方中心等。

总之，作品的创新创造、新技术新工艺的研发与运用、版权成果的产业化与市场化运营，离不开高等学校、科研院所、社会组织的协同创新与共同努力。

二、版权产业协同创新平台

广东拥有在全国居于前列的数量众多、水平较高的高等学校、科研院所和社会组织平台。当务之急是在制度上健全机制，将这些平台资源充分整合，充分发挥其各自优势，不断提升版权成果的转化运用能力与市场竞争力。基于此，本条特别规定由省和地级以上市人民政府建立产学研用深度融合的版权创新创造体系，鼓励并支持以上单位（组织）共建产业协同创新平台，调动各方积极性，在产学研用方面进行深度合作，共同推动版权成果的转化与运用。亦正基于此，2019年修订的《广东省自主创新促进条例》第三条规定："自主创新应当坚持在开放中推进，以企业为主体，以市场为导向，以高等学校、科学技术研究开发机构为支撑，产学研深度融合，政府引导，社会参与。"

三、产业融合

实践证明，版权产业的发展离不开科技、文化、金融的相关支持与深度融合。版权作品，本是指文学、艺术和科学领域内具有独创性并能以一定形式表现的智力成果，它横跨文学、艺术和科学领域，形式多样，内涵丰富。因此，版权产业的繁荣需要对版权产业的整体规模、发展政策等的支撑作出规划，注重科技、文化、金融等产业的融合发展。

关于版权与科技、文化、金融等产业的融合发展，中央相关文件提出了若干实在管用的举措。《"十四五"国家知识产权保护和运用规划》提出了4个值得借鉴的工作思路:一是推动知识产权文化与法治文化、传统文化、创新文化、诚信文化的深度融合;二是促进知识产权服务业与区域产业融合发展,聚焦重点区域、重点产业需求,优化知识产权服务业集聚区建设,引导知识产权服务链上下游优势互补、多业态协同发展;三是建立知识产权服务对接重点产业、重大项目工作机制,重点提供专利导航等高端服务;四是鼓励知识产权服务机构为创新主体提供全链条、专业化知识产权服务,支持企业创新发展和产业转型升级。

《知识产权强国建设纲要(2021—2035年)》在"工作原则"中提出,要坚持战略引领、统筹规划,突出重点领域和重大需求,推动知识产权与经济、科技、文化、社会等各方面深度融合发展。在与文化融合发展方面,该纲要提出构建内容新颖、形式多样、融合发展的知识产权文化传播矩阵,打造传统媒体和新兴媒体融合发展的知识产权文化传播平台,拓展社交媒体、短视频、客户端等新媒体渠道。创新内容、形式和手段,加强涉外知识产权宣传,形成覆盖国内外的全媒体传播格局,打造知识产权宣传品牌。大力发展国家知识产权高端智库和特色智库,深化理论和政策研究,加强国际学术交流。

为了贯彻落实中央科技创新精神，《版权工作"十四五"规划》提出，打造全国版权展会授权交易体系，通过展会授权交易等相关活动，进一步拓展范围、整合资源、优化生态，大力推动版权成果的转化和运用，大力推动版权工作与各相关产业深度融合发展。

第十条【大湾区合作】 省人民政府应当推动粤港澳大湾区版权产业合作，组织开展产业对接、投资融资合作、展览展示等活动，加强本省与香港特别行政区、澳门特别行政区在影视、音乐、动漫、游戏、创意设计、计算机软件等重点行业的版权合作，促进粤港澳大湾区版权产业协同发展。

【释义】 本条是关于大湾区合作的规定。

不断完善版权工作体制机制，积极促进版权创造和运用，强化版权全链条保护，有效应对版权新问题和新挑战，持续提升全社会版权意识，推进版权治理体系和治理能力现代化，推动版权事业和产业高质量发展，是粤港澳大湾区版权合作与版权产业协同发展的关键所在。就粤港澳大湾区版权合作与版权产业协同发展，《"十四五"国家知识产权保护和运用规划》提出了一系列具体要求，主要体现在以下三个方面：一是推动粤港澳大湾区打造知识产权国际合作高地；二是支持深圳建设中国特色社会主义先行示范区，打造保护知识产权标杆城市；三是支持香港建设区域知识产权贸易中心。因此，在贯彻落实中央以上政策的过程之中，我们必须充分考虑粤港澳大湾区的版权特色、整合其独特的版权产业资源、抓住发展合作机会，特别是充分利用港澳地区在影视音乐、创意设计、计算机软件等重点领域与行业的专业优势，尽快建立健全粤港澳大湾区版权产业合作机制，促进粤港澳大湾区版权产业协同发展。

为全面准确贯彻"一国两制"方针，充分发挥粤港澳综合优势，深化内地与港澳合作，进一步提升粤港澳大湾区在国家经济发展和对外开放中的支撑引领作用，支持香港、澳门融入国家发展大局，进一步推动粤港澳大湾区版权合作与版权产业协同发展，2019年2月，中共中央、国务院印发了《粤港澳大湾区发展规划纲要》，其中多处重点提到粤港澳大湾区的产业优势和协同发展规划，为粤港澳大湾区版权合作与版权产业协同发展指明了方向、提供了遵循。

1. 开展知识产权证券化试点。香港、澳门在广东设立的研发机构按照与内地研发机构同等待遇原则，享受国家和广东省各项支持创新的政策，鼓励和支持其参与广东科技计划。

2. 依托粤港、粤澳及泛珠三角区域知识产权合作机制，全面加强粤港澳大湾区在知识产权保护、专业人才培养等领域的合作。

3.强化知识产权行政执法和司法保护，更好发挥广州知识产权法院等机构作用，加强电子商务、进出口等重点领域和环节的知识产权执法。

4.依托现有交易场所，开展知识产权交易，促进知识产权的合理有效流通。开展知识产权保护规范化市场培育和"正版正货"承诺活动。

5.建立大湾区知识产权信息交换机制和信息共享平台。

6.充分发挥香港影视人才优势，推动粤港澳影视合作，加强电影投资合作和人才交流，支持香港成为电影电视博览枢纽。

为了深入贯彻落实《粤港澳大湾区发展规划纲要》，广东省委、省政府出台了《关于贯彻落实〈粤港澳大湾区发展规划纲要〉的实施意见》，明确提出以下要求，以期在推动粤港澳大湾区版权合作与版权产业协同发展方面取得实实在在的成效。

1.优化区域创新环境。大力推动科技金融服务创新，强化知识产权保护和运用，打造具有国际竞争力的科技成果转化基地。充分发挥香港、澳门、深圳、广州等资本市场和金融服务功能，合作构建多元化、国际化、跨区域的科技创新投融资体系。鼓励港澳在大湾区设立创投风投机构，鼓励社会资本设立科技孵化基金，推动设立粤港澳大湾区科研成果转化联合母基金，引导风险投资和天使投资投向种子期、初创期的科技企业，建立天使投资风险补偿制度。依托区域性股权交易市场，建设科技创新金融支持平台。支持香港私募基金参与大湾区创新型科技企业融资，鼓励符合条件的创新型科技企业进入香港上市集资平台。探索内地与港澳创新基金双向募集、双向投资、双向流动的新模式。

2．强化知识产权行政执法和司法保护，更好发挥广州知识产权法院、深圳知识产权法庭等机构作用，加强电子商务、进出口等重点领域和环节的知识产权行政和司法保护。

3．探索制定新形态创新成果的知识产权保护办法，推进电子商务领域知识产权保护地方立法，建立健全大湾区知识产权纠纷多元化解决机制。

4．发挥知识产权服务业集聚发展区的辐射作用，促进高端知识产权服务与区域产业融合发展。

5．建立大湾区知识产权信息交换机制和信息共享平台。争取国家支持，推动建立粤港澳大湾区知识产权交易平台，完善知识产权评估机制、质押融资机制，探索开展知识产权融资租赁服务、知识产权投贷联动融资服务和知识产权证券化试点。

6. 加快构建跨境产学研合作机制，完善科技企业孵化育成体系，推动珠三角国家科技成果转移转化示范区建设，支持设立粤港澳产学研创新联盟，完善"省部院"产学研合作机制、产学研深度融合创新体系，培育建设华南技术转移中心、国家技术转移南方中心等。

7. 打造高水平科技创新载体和平台。推动"广州—深圳—香港—澳门"科技创新走廊建设，以沿线的科技（学）城、高新区、高技术产业基地等创新载体建设为抓手，打造创新要素流动畅通、科技设施联通、创新链条融通的跨境合作平台。

8. 推进国家自主创新示范区建设，促进自创区与自贸区"双自联动"。推动珠三角九市军民融合创新发展，推进军民融合创新示范区创建，支持广东国防科技工业技术成果产业化应用推广中心建设。

9. 加强与港澳在广播影视生产、演艺人才交流等方面的合作，推动建设影视文化和音乐产业基地，探索中外合作摄制电影片相关审批绿色通道。加强大湾区艺术院团、演艺学校及文博机构交流，支持博物馆、美术馆合作策展。支持建立大湾区演艺联盟，便利艺术院团在大湾区内跨境演出。联合港澳打造一批国际性、区域性的文化演艺活动和体育品牌赛事。

粤港澳大湾区知识产权合作，空间是巨大的，方式是多元的，手段是多样的。《版权条例》在广东2019年修订的《广东省自主创新促进条例》第二十八条规定的基础上更加予以细化，规定由省人民政府组织推动粤港澳大湾区版权产业合作，开展产业对接、投资融资合作、展览展示等活动，加强本省与香港特别行政区、澳门特别行政区在影视、音乐、动漫、游戏、创意设计、计算机软件等重点行业的版权合作，促进粤港澳大湾区版权产业协同发展。

第十一条【国际交流合作】　省人民政府应当加强版权产业国际交流合作，优化版权国际贸易服务，拓宽对外交流合作渠道，在版权贸易、产业对接、学术研究、人才培养、海外维权等方面推动交流合作，提升版权产业国际运营能力。

鼓励企业、高等学校、科研机构、社会组织等依法开展版权领域的国际交流合作。

【释义】本条是关于国际交流合作的规定。

版权在知识产权体系中占有重要地位，是衡量国家综合实力的重要指标，越来越成为国际竞争的核心要素。加强版权国际交流合作，既具有紧迫性，又具有必要性，国际交流合作既是推动建立平衡有效的国际版权秩序之必须途径，是提升我国版权的国际影响力和话语权的重要抓手，同时又是提升版权产业国际运营能力的客观需要和有效动力。因此，以国际交流合作促进版权产业创新发展，对于提升我国版权产业的内在张力和外在传播力，具有重大意义。

《知识产权强国建设纲要（2021—2035年）》要求，加强知识产权国际交流与合作，着重在以下方面予以加强。

1. 坚持人类命运共同体理念，以国际视野谋划和推动知识产权改革发展，推动构建开放包容、平衡普惠的知识产权国际规则，让创新创造更多惠及各国人民。

2. 构建多边和双边协调联动的国际合作网络。积极维护和发展知识产权多边合作体系，加强在联合国、世界贸易组织等国际框架和多边机制中的合作。加强知识产权对外工作力量。积极发挥非政府组织在知识产权国际交流合作中的作用。

3. 大力发展国家知识产权高端智库和特色智库，深化理论和政策研究，加强国际学术交流。

4. 积极参与知识产权全球治理体系改革和建设。扩大知识产权领域对外开放，完善国际对话交流机制，推动完善知识产权及相关国际贸易、国际投资等国际规则和标准。积极推进与经贸相关的多双边知识产权对外谈判。建设知识产权涉外风险防控体系。加强与各国知识产权审查机构合作，推动审查信息共享。打造国际知识产权诉讼优选地。提升知识产权仲裁国际化水平。鼓励高水平外国机构来华开展知识产权服务。

《版权工作"十四五"规划》对版权国际交流合作作出重要部署与安排，并在以下方面取得突破。

1. 积极推动国际民间文艺版权对话交流，以国内立法和实践经验为基础，深度参与相关国际规则制定，贡献中国经验和中国智慧。

2. 建立健全版权国际贸易服务机制。进一步加强版权产业国际运营能力，利用多双边版权对话机制协调解决版权国际贸易中的突出问题，推动构建国际性的版权交易平台，为版权产业"走出去"保驾护航。与世界知识产权组织等版权国际组织合作，编制重点国家、地区版权营商环境指南，指导企业开展版权海外业务。继续开展版权海外风险防控工作，支持我国企业在海外开展版权保护与维权。支持我国著作权集体管理组织、版权保护中心、版权行业组织加入国际版权组织或参加相关活动，与海外同类机构建立相互联系合作或代表关系。

3. 全面展现负责任大国形象，实施更大范围、更宽领域、更深层次版权开放合作，积极参与版权国际事务，大胆吸收和借鉴版权保护国际经验，立足现实和国情，坚持开放包容、平衡普惠的原则，深度参与世界知识产权组织、世界贸易组织等国际组织框架下的全球版权治理，深化与共建"一带一路"国家和地区，以及同我有双边版权合作协议重点国家的交流合作，开创更高水平开放型版权发展新局面。

4. 重视版权领军人才、国际化专业人才的引进和培养。

5. 深度参与世界知识产权组织框架下的全球版权治理，推动建立更加平衡有效的国际版权体系，进一步提升版权国际影响力和话语权。深入推进与联合国教科文组织、世界贸易组织、亚太经合组织等国际组织的交流合作，积极参与世界贸易组织贸易政策审议等多边对话机制。大力深化合作共赢的版权双边关系。继续与发展中国家开展版权友好对话。继续推进海峡两岸以及与香港、澳门版权交流工作。

结合广东的实际情况，《版权条例》规定由省人民政府组织协调，加强版权产业国际交流合作，优化版权国际贸易服务，拓宽对外交流合作渠道，在版权贸易、产业对接、学术研究、人才培养、海外维权等方面推动交流合作，提升广东版权产业国际运营能力。

广东在版权高新技术企业、高等学校、科研院所和社会行业组织等方面，不管是质量还是数量，在全国均处于领先水平，具有较高学术科研能力，自主创新创造能力较强，既具有国际视野，又注重本土实际的版权探索，因而是版权领域国际交流合作的生力军。故本条第二款规定着重在制度上完善机制，鼓励企业、高等学校、科研机构和社会组织发挥其积极性与主动性，依法开展版权领域的国际交流合作。

第十二条【示范创建】 省和地级以上市版权主管部门应当根据国家有关规定，在作品创作与传播、版权保护与管理、版权要素集聚、版权产业发展、版权贸易服务和教学科研等方面开展示范创建工作。

省版权主管部门应当统筹本省行政区域内的全国版权示范城市、示范园区（基地）、示范单位以及国家版权贸易基地和国家版权创新发展基地等创建工作，组织开展省级版权兴业示范基地评定。

【释义】本条是关于示范创建的规定。

版权示范创建是国家版权局开展的一项重要工作。通过多年的示范创建实践，有力促进了各地版权产业的高质量发展。《版权工作"十四五"规划》将创建国家版权示范城市、示范园区（基地）和示范单位作为一项非常重要的工作，提出支持和推动相关地区和部门制定出台相关产业促进政策，引导版权示范创建工作向纵深发展。更好发挥全国版权示范城市的联合协调作用，加强版权示范创建工作培训和交流推广，指导各地区结合本地实际开展版权示范创建工作。计划每年授予2至3个全国版权示范城市、5至10家全国版权示范园区（基地）、20至30家全国版权示范单位，并对全国版权交易中心建设和国家版权创新发展基地建设提出明确要求。

1.推进全国版权交易中心建设。巩固和提升国家（国际）版权交易中心和贸易基地在促进版权产业发展中的地位和作用，突出版权交易中心和贸易基地在版权评估、版权交易、版权融资、监测维权、版权咨询等方面的功能。紧密结合地方资源优势，开展专门化、专业化版权交易中心建设。充分发挥国家版权交易中心联席会议的聚集、协同和服务作用，推动版权交易中心之间的资源共享和协作发展。

2.强化国家版权创新发展基地建设。融合国家战略决策、版权激励创新属性、地区发展特点，继续开展国家版权创新发展基地建设。紧密结合自由贸易试验区（港）建设、区域发展战略和服务贸易创新发展试点等工作，运用国家版权创新发展基地建设的举措，在版权产业集聚、商业模式创新、版权金融试点、体制机制创新等方面加大探索和试点力度。及时总结、提炼和推广国家版权创新发展基地的经验，发挥其引领和辐射作用。

广东历来对版权示范创建工作非常重视，2005年，率先实施"广东省版权兴业示范工程"，印发《广东省版权兴业发展纲要（2007—2015）》等一系列政策文件，参照国家版权局《全国版权示范城市、示范单位和示范园区（基地）管理办法》制定出台了《广东省版权兴业示范园区（基地）管理办法》，对版权示范创建的认定范围、认定条件、认定程序、管理监督作出了规定。经济相对发达的广州、深圳、佛山、东莞、汕头等地市也相继出台有关政策文件，积极组织开展本地区的版权示范创建工作。版权示范创建取得了显著成效，广州、东莞、佛山先后成功创建全国版权示范城市，腾讯公司等一批单位被授予全国版权示范单位、示范园区（基地）称号。截至2022年底，共创建广东省版权兴业示范园区（基地）135家，评选认定广东省最具价值版权作品86件。

为了持续推进广东版权示范创建工作有序发展，打造粤港澳大湾区版权产业聚集发展高地和版权保护标杆，《版权条例》要求，除了由省版权主管部门继续部署和统筹本省行政区域内的全国版权示范城市、示范园区（基地）、示范单位以及国家版权贸易基地和国家版权创新发展基地等创建工作之外，还有必要结合本省实践，进一步要求省和地级以上市版权主管部门根据国家有关规定，在作品创作与传播、版权保护与管理、版权要素集聚、版权产业发展、版权贸易服务和教学科研等版权工作重点领域开展示范创建工作。《版权条例》还要求创建国家版权贸易基地和国家版权创新发展基地。

第十三条【产业集群建设】 省和地级以上市人民政府应当通过规划引导、政策支持、市场主体培育等方式，促进区域优质版权资源汇聚，发挥中国（广东）自由贸易试验区、国家自主创新示范区等功能区的政策优势，加强制度供给，为版权产业集群建设发展创造条件和提供便利。

【**释义**】本条是关于产业集群建设的规定。

产业集群亦称"产业簇群""竞争性集群""波特集群"，是指某一行业内的竞争性企业以及与这些企业互动关联的合作企业、专业化供应商、服务供应商、相关产业厂商和相关机构（如大学、科研机构、制定标准的机构、产业协会等）聚集在某些特定地域，有助于相互竞争的企业提高各自竞争力，对特定产业的发展和国家竞争力的增强有重要的互补互促作用。产业集群的核心是在一定空间范围内产业的高集中度，这有利于降低企业的制度成本（包括生产成本、交换成本），提高规模经济效益和范围经济效益，提高产业和企业的市场竞争力。

一、国家对打造符合国家战略、反映产业和区域特点的优质版权产业集群建设有明确要求

《"十四五"国家知识产权保护和运用规划》要求实施版权创新发展工程，打造版权产业集群，强化版权发展技术支撑；推进地方知识产权公共服务平台和专题数据库建设，优先支持战略性新兴产业集群所在地建设知识产权公共服务平台，推动知识产权公共服务平台与行业、产业信息服务平台互联互通，提高知识产权公共服务可及性和普惠性；优化战略性新兴产业发展模式，增强产业集群创新引领力；推动在数字经济、智能制造、生命健康、新材料等领域组建产业知识产权联盟，构筑产业专利池；促进技术、专利与标准协同发展。

《版权工作"十四五"规划》则把"强化国家版权创新发展基地建设"与"优质版权产业集群"结合起来协同建设。

二、广东省版权产业集群建设的实践探索

为了加快推动产业集群发展，《广东省自主创新促进条例》（2019年修订）就构建"产业集群"进行专门规定。

其中：

第十六条　县级以上人民政府及其科学技术、发展改革、工业和信息化等有关主管部门应当在规划、资金、人才、场地等方面，支持在产业集群区域和具有产业优势的领域建立公共研究开发平台、公共技术服务平台、科学技术基础条件平台等公共创新平台，为公民、法人和其他组织自主创新提供关键共性技术研究开发、信息咨询、技术交易转让等创新服务。

第四十条　县级以上人民政府应当促进主导产业集聚发展，提高专业化配套协作水平，完善产业链，促进发展形成专业镇或者产业集群。

专业镇或者产业集群应当集聚高新技术和先进技术，支持企业开展技术创新活动，提升特色和优势传统产业集群科学技术水平。

《关于贯彻落实〈粤港澳大湾区发展规划纲要〉的实施意见》，明确了构建产业集群的诸多抓手和具体措施。强调要坚持制造业立省不动摇，突出优势主导产业，加快打造电子信息、汽车、智能家电、机器人、绿色石化五个世界级先进制造业产业集群。

《广东省知识产权保护和运用"十四五"规划》多次提到推进战略性产业集群和园区知识产权协同运营体系建设，

着力建设激励创新发展的知识产权市场运行机制；发挥知识产权在科技推动、产业支撑和商贸融合中的重要作用，服务全省战略性产业集群发展，助力重点产业形成核心竞争力；培育建设专业化、市场化、国际化知识产权交易运营机构，推动知识产权运营服务集聚，营造知识产权运营服务生态。实施重点产业和园区知识产权协同运营体系建设工程，在全省布局"二十纵、二十横"知识产权协同运营体系，建设20家左右战略性产业集群知识产权协同运营机构和20家左右重点园区知识产权综合运营服务机构。形成知识产权支撑全省战略性产业集群高质量发展的全链条服务生态。紧扣省"双十"产业集群，完善产业集群创新体系，加大知识产权培育力度，重点在集成电路、工业软件、区块链与量子信息、前沿新材料、精密仪器设备、激光与增材制造、生物医药等知识产权密集产业开展专利导航，建设产业细分领域专利数据库，构建重点产业领域专利池，推动战略性新兴产业集群和高新区等园区开展知识产权协同运营，实现知识产权价值最大化。

我省历来对版权产业集群建设高度重视，坚持与"广东省版权兴业示范工程"同规划同部署，将"版权产业集群"写进《广东省版权兴业发展纲要（2007—2015）》的一系列具体目标之中，提出要在全省版权产业界全面推进"版权兴业工程"，突出抓好版权产业集群、版权兴业强势企业、版权兴业示范基地、版权产品的发展与建设，使我省版权产业创作、经营、管理和保护作品的意识、水平和能力不断提高，初步规划建成20个重点版权产业集群；在我省核心版权产业和部分版权产业中培育出400—500个"广东省版权兴业示范基地"。

基于此，为使我省版权产业继续在全国保持良好发展势头，深入贯彻创新驱动发展战略，在《版权条例》中，特别强调和要求省和地级以上市人民政府着重发力，通过规划引导、政策支持、市场主体培育等多种方式，促进区域优质版权资源汇聚，特别是发挥中国（广东）自由贸易试验区、国家自主创新示范区等功能区的政策优势，加强制度供给，为版权产业集群建设发展创造条件和提供便利。

第十四条【新业态发展】 省和地级以上市人民政府应当通过政策支持、资金投入、人才保障、新技术推广等方式，推动创新要素集聚，促进版权领域新业态发展。

支持和鼓励市场主体通过技术创新、自主研发、授权合作、产业升级、金融投资等方式，促进数字出版、广播影视、软件和信息服务等领域的版权产业发展。

【释义】本条是关于新业态发展的规定。

新业态是指基于不同产业间的组合、企业内部价值链和外部产业链环节的分化、融合、行业跨界整合以及嫁接信息及互联网技术所形成的新型企业、商业乃至产业的组织形态。具体到版权领域，是指在以大数据、人工智能、互联网、物联网、云计算、区块链等为代表的新一代数字技术的运用下，形成的以新技术与创新产业深度融合为表征的新业态。与版权领域相关的领域非常广泛，包括但不限于短视频、网络游戏、计算机软件、电商、电竞、直播、剧本娱乐、VR/AR、智能制造等。

创新要素不仅包括劳动、资本、土地、技术及数据等实体要素，还包括企业创新精神等虚拟要素。增强企业的核心竞争力必须要有创新能力的支撑，而科技创新要素是开展创新活动的基本立足点，是打通产学研、创新链、产业链、价值链的基本保障，更是提升科技创新体系化能力的基本途径。一方面，只有有效整合劳动、资本、土地、技术及数据等科技创新资源，让要素活力竞相迸发，才能提高科技创新支撑能力，稳定支持基础研究和应用基础研究；另一方面，企业也要根据市场需求及变化，及时整合企业自身的技术、团队、财力和硬件等要素，借力和整合社会创新要素资源和产业资源，提高企业创新活力，拓展发展空间。

数字出版是指利用数字技术进行内容编辑加工，并通过网络传播数字内容产品的一种新型出版方式，其主要特征为内容生产数字化、管理过程数字化、产品形态数字化和传播渠道网络化。数字出版产品形态主要包括电子图书、数字报纸、数字期刊、网络原创文学、网络教育出版物、网络地图、数字音乐、网络动漫、网络游戏、数据库出版物、手机出版物（彩信、彩铃、手机报纸、手机期刊、手机小说、手机游戏）等。

一、促进版权新领域新业态发展

进入新发展阶段，推动高质量发展是保持经济持续健康发展的必然要求。创新是引领发展的第一动力，知识产权作为国家发展战略性资源和国际竞争力核心要素，其创新发展的意义更加凸显。在中央部门提出版权强国战略的背景下，我们必须积极回应新技术、新经济、新形势对版权制度变革提出的挑战。为了加快推进版权创新发展，应当积极利用现代科技创新成果，适应新业态新模式新挑战，激发数字出版、广播影视、软件和信息服务等重点领域的优质版权作品创作活力，促进版权产业持续快速发展。

《知识产权强国建设纲要（2021—2035年）》重点提

出要主动适应新时代新挑战，加快大数据、人工智能、基因技术等新领域新业态知识产权立法，构建响应及时、保护合理的新兴领域和特定领域知识产权规则体系；建立健全新技术、新产业、新业态、新模式知识产权保护规则；探索完善互联网领域知识产权保护制度；研究构建数据知识产权保护规则。

《"十四五"国家知识产权保护和运用规划》首先强调要培育发展知识产权服务业，引导知识产权代理、法律、信息、咨询、运营服务向专业化和高水平发展，拓展知识产权投融资、保险、资产评估等增值服务，促进知识产权服务业新业态新模式发展。其次，该规划从完善知识产权保护政策的角度，重点提及要健全大数据、人工智能、基因技术等新领域新业态知识产权保护制度，以切实保护新领域的知识产权。此外，该规划还倡导积极研究和参与新领域新业态知识产权国际规则和标准的制定，以充分保障数字领域等新领域新业态知识产权。

《版权工作"十四五"规划》提出把新发展理念贯穿版权工作全过程和各领域，不断完善版权管理体制机制，主动适应新技术、新产业、新业态、新模式等"四新"领域；明确了版权保护工作要主动适应"四新"情况，为未来的版权工作奠定了原则性基础。

随着版权新领域新业态的出现，特别是数字网络时代的发展，对现有法律制度框架内的版权产业发展与版权保护问题提出了新的挑战，新修订《著作权法》的颁布实施，积极回应了部分新技术带来的挑战，增加了更加精准的新技术保护手段，在增强保护、激发优质版权作品创作活力的同时，兼顾社会公众利益，为进一步促进文化和科学事业繁荣发展提供了制度上的保障。

在完善版权行政保护体系任务中，《版权工作"十四五"规划》将"推动新业态新领域版权保护"单独作为一项重要措施列明。范围上，强调将网络领域作为版权保护主阵地，不断提升版权管网治网能力；又具体提出加强大数据、人工智能、区块链等新技术开发运用，完善体育赛事、综艺节目、网络直播、电商平台等领域的版权保护制度。理论上，版权新业态当然不止以上形态，版权新领域当然也不限于以上几个领域；而且，传统版权领域也可开发和涌现出新业态形式，新旧领域的交叉融合还会衍生叠加出新环节新链条新活动形态，这就对版权产业发展激励和版权保护体系建设提出了更高的要求。正基于此，本条表达并没有使用"版权新领域"（而只使用了"版权新业态"一词）。新形势下，如何开发和利用版权新领域新业态以及从传统版权领域开发版权新业态，促进我省版权产业转型升级，尤其显得重要而紧迫。

由于这一章的主题是"版权创造与运用"，该条的主要意旨在于促进版权新业态的发展，因而将主要职责设置在省和地级以上市人民政府，即由它们通过政策支持、资金投入、人才保障、新技术推广等方式，推动创新要素集聚，促进版权领域新业态发展。

二、促进创新要素集聚

本条第一款规定："省和地级以上市人民政府应当通过政策支持、资金投入、人才保障、新技术推广等方式，推动创新要素集聚，促进版权领域新业态发展。"将"推动创新要素集聚"作为"促进版权领域新业态发展"的重要手段，这是具有科学道理的。随着新一轮科技革命和产业变革的加速演进，全球科技竞争态势愈发激烈，世界各国力图抓住这新一轮科技创新机遇，纷纷制定新的科技竞争战略规划，努力提升自身科技创新能力。在新形势下，准确把握科技创新所处历史方位，找好促进科技创新的着力点，促进科技创新要素整合，不断提升科技创新核心竞争力，对于推进我国科技创新迭代升级、助力培育壮大新的增长点增长极、在国际科技竞争中赢得主动占据优势具有重要意义。

市场主体是版权产业的主力军，是技术创新、自主研发、产业升级、投资发展的主要参与者，它们对市场、对产业、对技术、对模式会有更为清晰的了解和灵敏的把握。因此，本条还倡导支持和鼓励市场主体在传统和现代的新旧领域孜孜以求、久久为功，不断开辟版权新领域、开发版权新业态，促进版权产业持续健康快速发展。

三、促进数字出版发展

本条第二款规定："支持和鼓励市场主体通过技术创新、自主研发、授权合作、产业升级、金融投资等方式，促进数字出版、广播影视、软件和信息服务等领域的版权产业发展。""数字出版"作为版权新业态与广播影视、软件和信息服务得到强调。其中，数字出版产品的传播途径主要包括有线互联网、无线通讯网和卫星网络等。由于其海量存储、搜索便捷、传输快速、成本低廉、互动性强、环保低碳等特点，已经成为新闻出版业的战略性新兴产业和出版业发展的主要方向。发展数字出版产业，对于提升我国文化软实力，推动文化产业乃至国民经济的可持续发展，转变出版业发展方式具有重要意义。

近年来，我国数字出版产业蓬勃发展，2018年被列入国家战略性新兴产业目录，2019年产业收入规模超过9800亿元，产业形态不断丰富，优质内容供给不断增强，已成为出版业发展的生力军和文化产业极具活力的领域。数字出版的蓬勃发展，是出版业高质量发展的重要体现，是文化与科技融合的生动写照。当然，虽然我国数字出版行业发展较快，但与国际发达国家相比尚有一定差距，产业链各环节赢利模式尚不清晰，这主要源于行业缺乏相应标准、技术与内容错位、数字出版内容知识产权得不到保护。数字出版以低价优势将阅读者从图书馆、书店拉到电子设备终端，而低价不仅归功于从纸张到硬盘的成本下降，更源于著作人的收益被变相压榨（著作价值不应随介质改变而改变）。与此同时，由于存在投入成本高，盈利模式不成熟，相关标准不统一等问题，制约了数字出版产业的进一步发展，其生产力尚未得到充分释放。

为了数字出版产业健康发展，政府部门加大了对数字出版业的支持与立法的力度，数字出版已经成为新闻出版业的战略性新兴产业和出版业发展的主要方向，也是国民经济和社会信息化的重要组成部分，大力发展数字出版产业，已成为我国实现向新闻出版强国迈进的重要战略任务。同时，数字出版产业相关基地纷纷设立，行业协会联盟不断涌现，政府加强了社会对数字出版知识产权的保护，加快了数字出版行业标准化的建设进程。中国出版业界也将更多的目光转向数字出版，这一方面是数字出版本身所具备的潜力，另一方面则是国家对数字出版发展的高度重视和政策支持。此外，读者阅读环境、阅读方式和阅读需求的改变都在不断增加着数字出版的市场容量；同时，由于网络与生俱来的特质，网络科技的日益发展使得数字出版相对于传统出版具有极大的优越性，孕育着更加广阔的发展前景。

第十五条【交易机制】 省版权主管部门应当健全版权交易机制，在版权确权、价值评估、许可转让和交易服务等方面对市场主体进行引导和规范，促进版权依法流转。

省和地级以上市人民政府应当利用中国进出口商品交易会（广交会）、中国（深圳）国际文化产业博览交易会、中国国际影视动漫版权保护和贸易博览会、南国书香节等大型展会，促进版权授权交易。

【释义】本条是关于交易机制的规定。

版权交易是以著作权（版权）为交易内容的商品交换活动。它是著作权人将其对作品拥有的部分或全部经济权利通过许可、转让等方式授权给使用者而产生的，是一种无形财产交易。它是版权工作全链条中极其重要的一环。习近平总书记在主持中央政治局第二十五次集体学习时强调，要打通知识产权创造、运用、保护、管理全链条的服务健全知识产权综合管理体系。促进创新要素自主有序流动、高效配置，要形成便民利民的知识产权公共服务体系，让创新成果更好惠及人民。保障版权交易机制的顺畅运行，政府可在其中有所引导和作为，例如本条第一款所列举的版权确权、价值评估、许可转让与交易服务等。

版权确权是指有权机关根据法律的相关规定，确认权利的存在及其效力，它既包括对权利的审查与授予，也包括授予之后对权利效力的再次确认。虽然著作权自创作完成之日起产生，无须国家机关进行确权即可享有，但实践中当出现著作权纠纷时，作者往往因为证据缺失而无法举证自己是真正的创作者。当前被广泛采信的版权确权方式包括：传统著作权登记、作品在线公证保管、数字作品在线登记、可信时间戳版权存证、区块链版权存证等。

版权价值评估是指对版权作品所具有的价值进行评估，以确定其合理的价格和市场价值。版权价值评估可以帮助版权人更好地了解其作品的市场价值，为其合理定价提供参考，同时也可以帮助投资者和买家了解作品的价值，从而更好地进行投资和购买。版权价值评估需要考虑多个因素，包括作品的类型、受众群体、市场需求、历史销售记录、作者知名度等。此外，版权价值评估也需要考虑到市场竞争状况、经济环境、政策法规等因素的影响。版权价值评估对于版权市场的健康发展非常重要，它可以帮助版权人合理定价，保护版权利益，同时也可以促进版权市场的透明度和规范化。

版权许可是指版权所有者通过签订许可协议的方式，允许被授权人在一定条件下使用作品的某一种或多种权利，而著作权人仍保持所有权。具体而言，根据授权许可的范围不同，可以分为独占许可、排他许可和普通许可；根据授权许可是否自愿，分为自愿许可和非自愿许可，其中非自愿许可包括著作权法中的法定许可和强制许可，等等。版权许可能够最大化挖掘和利用版权价值，促进版权成果转化，有利于发挥权利的应有价值，避免权利闲置，不论是从利用角度还是维护角度，许可他人使用版权的经营策略都是具有经济价值的，在一定程度上能够为版权人开拓竞争市场，为其带来可观的经济利益，是企业主体制定版权战略的必要组成部分。

版权转让是指版权所有人将其作品财产权的部分或全部在法定有效期内有限或无限地转让给他人的法律行为。

展会是各行业之间进行交流、展示和推广的重要场所，而版权授权交易就是在展会上进行版权授权的交易活动。在版权授权交易中，一方（版权人）授权另一方（授权使用方）在特定范围内使用其拥有的版权作品，并收取一定的授权使用费。

《"十四五"国家知识产权保护和运用规划》将"指导规范知识产权交易"作为一项重要工作，并提出要完善知识产权质押登记和转让许可备案管理制度，加强数据采集分析和披露利用，以及加强知识产权转移转化状况统计调查。

《知识产权强国建设纲要（2021—2035年）》把"建立规范有序、充满活力的市场化运营机制"作为一项重要的工作，并提出了一系列手段：

1. 提高知识产权代理、法律、信息、咨询等服务水平，支持开展知识产权资产评估、交易、转化、托管、投融资等增值服务。

2. 实施知识产权运营体系建设工程，打造综合性知识产权运营服务枢纽平台，建设若干聚焦产业、带动区域的运营平台。

3. 培育国际化、市场化、专业化知识产权服务机构，开展知识产权服务业分级分类评价。

4. 健全版权交易和服务平台，加强作品资产评估、登记认证、质押融资等服务。

5. 打造全国版权展会授权交易体系。

《版权工作"十四五"规划》提出要巩固和提升国家

（国际）版权交易中心和贸易基地在促进版权产业发展中的地位和作用，突出版权交易中心和贸易基地在版权评估、版权交易、版权融资、监测维权、版权咨询等方面的功能。并倡导各省要紧密结合地方资源优势，开展专门化、专业化版权交易中心建设。该规划专门将"版权交易体系"作为"完善版权产业发展体系"的重要部分，并提出了一系列措施。

根据中央部署精神，结合我省实际情况，《版权条例》从两个方面对版权（授权）交易进行了规范：

1．规定由省版权主管部门负责组织健全版权交易机制，在版权确权、价值评估、许可转让和交易服务等方面对市场主体进行引导和规范，促进版权依法流转。由于版权确权、价值评估、许可转让和交易服务等法律行为具有较强的规范性与专业性，需要较为成熟的版权服务机制作为引导与保障，因而本条赋予省版权主管部门健全版权交易机制的职责，并要求其在版权确权、价值评估、许可转让和交易服务等方面对市场主体进行引导和规范。

2．规定展会版权授权交易。展会版权授权交易可以让版权持有人在展会上展示其版权作品，与潜在的授权使用方接触并签署版权授权协议。展会版权授权交易有助于版权持有人将他们的作品展示给更广泛的受众，并找到适合的授权使用方，从而提高其版权作品的价值和影响力。版权展会成为集中展示版权成果、活跃版权交易、促进版权转化的重要机制和平台。开展展会版权授权能够激活我国丰富的版权资源存量，发挥市场配置资源的决定性作用，调动版权创作、保护和运用的主体力量。中国进出口商品交易会（广交会）、中国（深圳）国际文化产业博览交易会、中国国际影视动漫版权保护和贸易博览会、南国书香节等大型展会是非常具有特色和优势的交易平台，由中央相关部门与我省有关部门联合主办或由我省相关部门主办，在全国乃至全球范围均具有较高的声誉和影响。基于此，本条倡导省和地级以上市人民政府要善于利用这些平台优势，充分整合资源，发挥各地优势，促进展会版权授权交易。

第十六条【成果转化】　省和地级以上市人民政府可以通过无偿资助、贷款贴息、资金补助、保费补贴和创业风险投资等方式，支持版权创新成果转化与产业化运用，引导社会资本加大对版权创新成果转化与产业化的投入。

鼓励权利人采取版权转让、许可、出质、作价出资等方式实现版权创新成果的市场价值。

【释义】本条是关于成果转化的规定。

版权成果转化是指将受版权保护的作品，通过进一步加工和开发，转化为现实生产力的一种过程。这个过程中，作品的财产权不再是唯一的社会价值体现，而是通过市场转化为商品或服务的实际价格。版权成果转化是实现版权经济价值的重要手段之一，其核心在于通过版权保护，鼓励和促进创作活动，促进版权产业的发展和繁荣。

版权成果产业化运用是指将版权作品进行集中化、工业化与规模化的生产与运用。科技创新是经济增长的发动机，是提高综合国力的主要驱动力，促进科技成果转化、加速科技成果产业化，已经成为世界各国科技创新政策的新趋势。创新驱动发展战略背景下，版权成果的产业化运用是推进版权成果市场化进而全面推动高质量发展的重要一环。

版权成果转化为市场上可流通、可交易的形式多样的产品与服务，不仅能为权利人的智力成果变现提供可能，更为文学、艺术或科学领域内的文化传承提供厚实的土壤。因此，版权创新成果转化是版权工作非常重要的一环，甚至可以说，版权保护、管理与服务等工作都要围绕版权创新成果转化工作而展开。实际上，只有当版权创新成果步入产业化运用进而走向市场之后，直至最终实现其经济价值，才可谓真正意义上实现了版权的社会价值与文化价值。

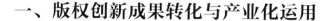

一、版权创新成果转化与产业化运用

版权作品被创作出来之后，下一步关键是版权成果的工业化和规模化，亦即如何迅速大批量产出（即产业化）直至将其转化为商品和服务（即商业化）的问题。

《知识产权强国建设纲要（2021—2035年）》主要从以下两个方面谈到知识产权运营与转化问题：第一，提出建立规范有序、充满活力的市场化运营机制。要提高知识产权代理、法律、信息、咨询等服务水平，支持开展知识产权资产评估、交易、转化、托管、投融资等增值服务；第二，推动企业、高校、科研机构健全知识产权管理体系，鼓励高校、科研机构建立专业化知识产权转移转化机构。

在国务院《"十四五"国家知识产权保护和运用规划》中，也多次强调知识产权创新成果的市场转化问题。首先，该规划提到要立足于推进知识产权金融服务创新的角度，尤其是在自由贸易试验区和自由贸易港推进知识产权金融服务创新，如鼓励知识产权保险、信用担保等金融产品形式的多种创新，以充分发挥金融支持知识产权成果转化的作用；其次，该规划还从"优化知识产权运营服务体系"的角度，提出要在重点产业领域和产业集聚区建设知识产权运营中心，培育发展综合性知识产权运营服务平台，创新服务模式，促进知识产权转化；再次，该规划还着重强调高校和科研院所在知识产权转化方面的地位和作用，提出要支持高校和科研院所加强市场化知识产权运营机构建设，提升知识产权转化能力，并加强知识产权运营专业化人才队伍建设。

《版权工作"十四五"规划》主要立足版权社会服务的角度，要求提升著作权登记质量，完善版权确权、授权和交易机制，注重版权资产管理，提升版权交易水平，促进版权转化运用，推动版权产业特别是核心版权产业高质量发展。此外，该规划还提出通过展会授权交易等相关活动，进一步拓展范围、整合资源、优化生态，大力推动版权成果的转化和运用，大力推动版权工作与各相关产业深度融合发展。

当然，不能忽视的是，在版权成果转化中，必须强调政府在其中扮演非常重要的角色，主要体现在以下四方面：

1. 制定相关法律法规。政府需要制定相关的版权保护和促进产业发展的法律法规，以保障权利人的权益，激励版权成果的转化和产业的发展。

2. 搭建产业支持平台。政府要在创意产业孵化器、技术转化平台、版权授权交易中心等平台搭建方面，为版权成果的转化提供支持和帮助。

3. 提供资金支持。政府可以通过专项资金、贷款贴

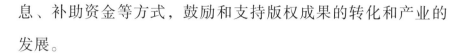

息、补助资金等方式，鼓励和支持版权成果的转化和产业的发展。

4. 加强版权保护。政府需要加强产权保护力度，依法打击侵犯版权和盗版等行为，为权利人提供保护，促进版权成果的转化和产业的健康发展。

我省一直很重视包括知识产权在内的自主创新成果的转化与产业化问题。广东省委、省政府2019年7月出台的《关于贯彻落实〈粤港澳大湾区发展规划纲要〉的实施意见》中，对科技创新成果的转化明确提出了诸多抓手和具体措施。

此外，在《广东省自主创新促进条例》中，曾专门规定"县级以上人民政府应当制定相关扶持政策，通过无偿资助、贷款贴息、补助资金、保费补贴和创业风险投资等方式，支持自主创新成果转化与产业化，引导企业加大自主创新成果转化与产业化的投入"。

因此，本条充分结合中央文件精神以及我省的既有做法，规定省和地级以上市人民政府可以通过无偿资助、贷款贴息、资金补助、保费补贴和创业风险投资等方式，支持版权创新成果转化与产业化运用，并引导社会资本加大对版权创新成果的转化与产业化投入。

二、版权创新成果市场价值的实现

市场经济条件下，版权主要是通过财产权的交易、转让和许可等方式发挥作用，从而不断地使其市场价值得以实现。除此之外，新型市场经济条件下，权利出质、作价出资等方式也是实现版权价值的重要方式。

出质，也就是质押，分动产质押和权利质押，就是把自己所有的物品或权利交付出去作为抵押。版权出质是指权利人或第三人（出质人）在质押行为中，将其版权财产权移交给债权人的民事法律行为。

作价出资指公司股东在公司设立时或者增加资本时，根据法律和公司章程的规定，按照认股协议的约定向公司交付可以用货币估价并可以依法转让的非货币财产以取得股权的行为。版权作为非货币财产，经过具备一定资质的评估机构的价值评估，可以评估价格作为出资时的重要基准。

如果说版权成果转化有效促进了知识经济的发展以及推动文化艺术的传承发展，而版权成果市场价值的实现则更进一步，通过将知识和智慧创造出来的版权成果转变为现实的商品和服务，最后实现其经济价值，从而良性地带动版权产业发展，促进经济增长和社会发展，二者相互促进、相得益彰。

基于此，为充分实现版权创新成果的市场价值，本条第二款作出规定，即鼓励权利人采取版权转让、许可、出质、作价出资等多种方式，以充分实现版权创新成果的市场价值。

第十七条【支持中小微企业】 县级以上人民政府应当引导中小微企业进行版权创造和运用，将中小微企业作品登记、创新示范成果等纳入政策扶持范围，鼓励中小微企业加大版权创新投入。

地级以上市人民政府应当支持中小微企业参加版权有关的大型展会。

【释义】本条是关于支持中小微企业的规定。

中小微企业又称中小型企业，它在国民经济中处于重要地位，正逐步成为发展社会生产力的主力军。中小微企业是国民经济和社会发展的生力军，是扩大就业、改善民生、促进创业创新的重要力量，在稳增长、促改革、调结构、惠民生、防风险中发挥着重要作用。中小微企业也是实施大众创业、万众创新的重要载体，在增加就业、促进经济增长、促进科技创新与社会和谐稳定等方面具有不可替代的作用，对国民经济和社会发展具有重要的战略意义。

中小微企业由于自身规模小，人力、财力、物力等资源相对有限，而将有限的人力、财力和物力投向那些被大企业所忽略的细分市场，专注于某一产品的经营上来不断改进产品质量，提高生产效率，以求在市场竞争中站稳脚跟，进而获得更大的发展。随着社会生产的专业化、协作化发展，越来越多的企业摆脱了"大而全""小而全"的组织形式，通过专业化生产同大型企业建立起密切的协作关系，不仅在客观上有力地支持和促进了大企业发展，同时也为自身的生存与发展提供了可靠的基础。

我国历来非常重视中小企业的地位与作用，《中华人民共和国中小企业促进法》确立对中小企业特别是其中的小型微型企业实行"积极扶持、加强引导、完善服务、依法规范、保障权益"的基本方针，为中小企业创立和发展创造有利的环境。在该部法律中，重点从财税支持、融资促进、创业扶持、创新支持、市场开拓与公共服务体系等方面对中小企业进行了支持、扶持与激励。《"十四五"国家知识产权保护和运用规划》《知识产权强国建设纲要（2021—2035年）》都反复强调要"深化实施中小企业知识产权战略推进工程"。

实践证明，中小企业是成长最快的科技创新力量。现代科技在工业技术装备和产品发展方向上有着两方面的影响，一方面是向着大型化、集中化的方向发展；另一方面是向着小型化、分散化方向发展。产品的小型化、分散化生产为中小企业的发展提供了有利条件。20世纪70年代以来，新技术型的中小企业像雨后春笋般出现，它们在微型电脑、信息系统、半导体部件、电子印刷和新材料等方面取得了极大的成功，有许多中小企业仅在短短几年或十几年里，迅速成长为如惠普、微软、雅虎、索尼和施乐等闻名于世的大公司，因此，中小企业的地位与作用不容小觑。

本条第一款规定，县级以上人民政府应当引导中小微企业进行版权创造和运用。关于对中小微企业在作品登记方面的扶持政策，可以参照《版权条例》第二十九条关于"地级以上市可以通过补助、补贴等方式减免作品登记费用"的做法，在经验上可以参酌全国和我省有的地市（如广州、深圳、惠州）在鼓励作品登记方面的示范和成功的做法。

由于我省在大型展会方面具有独特的资源与优势，中国进出口商品交易会（广交会）、中国（深圳）国际文化产业博览交易会、中国国际影视动漫版权保护和贸易博览会、南国书香节等在全国乃至全世界均有较大影响的大型展会，历年都在我省举行，且由我省有关部门联合中央相关部门主办，是工业品、工艺品、文化、版权、图书音像等各类智力成果大型交易与展示平台。因此，本条第二款规定，地级以上市人民政府应承担职责，支持和组织中小微企业参加省内上述展会和国内其他与版权相关的大型展会，让中小微企业有适合的平台展示其版权作品，助推企业稳定发展。

第十八条【产业统计和研究】 省和地级以上市版权主管部门应当健全符合本行政区域实际的版权产业统计调查制度，组织实施版权产业统计调查。

鼓励和支持高等学校、科研机构和社会组织开展版权产业经济贡献率和文化影响力等方面的研究。

【**释义**】本条是关于产业统计和研究的规定。

产业统计工作是针对产业政策进行科学决策和管理的重要基础，而统计制度是统计工作的标准和规范。近年来，全国各地相关产业主管部门、样本企业以及社会组织，均按照统计制度规定的统计范围、统计口径、计算方法，科学有效地开展产业统计工作，真实、及时、准确和全面地反映了各产业的状况与发展。

文化与版权方面的产业统计是建设文化强国的重要基础性工作，是反映国家重要战略目标实现程度、落实文化惠民与版权产业政策的重要依据和手段，也是反映本地文化建设与产业发展的重要方面。版权产业统计对于全国版权产业领头羊的广东省，如何在竞争日趋激烈的国际、国内市场环境中继续保持优势，积极回应新技术、新经济、新形势对版权产业升级提出的新挑战与新问题，发挥着提供基础数据和制定后续政策依据的重要作用。

对版权产业经济贡献率和文化影响力进行统计调查和数据分析，有利于政府部门进一步了解我省版权产业布局与发展水平，认清我省版权工作面临的问题与挑战，发现短板，摸清差距，进而进行科学决策；对版权服务状况进行调查了解和统计分析，有利于主管部门掌握情况、弄清问题进而进行查遗补缺，健全服务机制，提升服务水平；版权产业数据统计，也将有助于版权相关企业了解和掌握我省版权产业发展信息，以更好地进行作品创造、产品研发与产业布局。

关于版权统计分析制度，《版权工作"十四五"规划》主要从两个方面进行了强调：第一，健全著作权登记公示查询、数据报送和统计分析等制度，提高著作权登记工作的统一性；第二，持续开展年度中国版权产业经济贡献率调研工作，鼓励、支持地方开展版权产业的调研工作。指导网络版权产业研究基地开展年度网络版权产业发展研究。推动开展与版权产业有关的指标体系研究。

考虑到版权产业统计调查与产业经济贡献率和文化影响力等方面的统计、分析和研究工作是一项长期、复杂且专业性极强的工作，本条除了第一款规定省和地级以上市版权主管部门负责健全符合本行政区域实际的版权产业统计调查制度、组织实施版权产业统计调查之外，还专设第二款，即通过购买服务、委托、合作等方式鼓励和支持高等学校、科研机构和社会组织利用其信息资源、专业优势与专门人才，开展版权产业经济贡献率和文化影响力等方面的研究。

第三章

版权保护

本章共7条，主要对执法协作、重点监管及预警制度、新业态版权保护、网络服务提供者主体责任、源头保护、执法能力建设、投诉举报处理机制作出规定。

第十九条【执法协作】　县级以上版权主管部门应当加强与公安、海关、市场监督管理、广播电视、网信等有关部门的执法协作，健全执法协作工作机制。

县级以上版权主管部门可以根据工作需要，会同有关部门开展版权保护专项行动。

【**释义**】本条是关于执法协作的规定。

版权保护工作是一项系统工程，是版权形态的开放性、侵权行为的多样性和保护主体的多元性之间张力的体现。执法协作是版权保护工作的应有之义和题中之重，是为权利人提供充分、及时和高效的权利保障的内在要求。

由于侵权行为的多域性、隐秘性和复杂性，单一主体无法胜任版权全面保护的重任，因而有必要通过不同主体之间进行分工协作，建立完善的执法协作工作机制，以实现对版权的全面保护。

《"十四五"国家知识产权保护和运用规划》要求"健全知识产权行政保护机制"，"健全跨区域、跨部门知识产权行政保护协作机制"。《版权工作"十四五"规划》提出：加强版权执法协作。进一步加强对文化市场综合执法机构的指导，有效发挥文化市场综合执法机构的版权执法职能。加强与工信、公安、海关、市场监管、网信等部门的执法协作。

就我省来说，《广东省知识产权保护条例》明确要求"省人民政府应当建立和完善知识产权执法协作机制"，"健全知识产权违法线索通报、案件流转、执法联动、检验鉴定结果互认等制度，加强跨部门、跨地区知识产权案件的办案协作"。

具体来说，公安、海关、市场监督管理、广播电视、网信等部门均不同程度地承担了一定的版权执法职能，为了提高执法的效率性与协调性，本条规定县级以上版权主管部门应当加强与这些部门的执法协作，并健全工作机制，以便开展版权执法和版权保护工作。

版权保护专项行动是版权保护工作的又一重要工作，"剑网"行动就是在党中央高度重视版权工作的背景下，由国家版权局联合其他相关部门开展的一项旨在净化网络版权保护环境的重要行动。自2005年开始，国家版权局、公安部、工信部（原信息产业部）已经在全国范围内连续开展了多次打击网络侵权盗版专项治理行动，查处了一大批大案要案，关闭了一大批侵权盗版网站，发挥了巨大的震慑作用，产生了良好的社会效果。

基于此，本条第二款特规定，县级以上版权主管部门可以根据工作需要，会同有关部门开展版权保护专项行动。其立法目的主要有以下两个方面的考虑：一是有利于积极贯彻上级部门部署的诸如"剑网"行动之类的版权保护重要专项行动；二是有利于在本行政区域内开展其他版权保护方面的专项行动。

第二十条【重点监管及预警制度】　省版权主管部门应当建立健全重点作品版权保护预警制度，建立重点关注市场名录，加强对电商平台、展会、专业市场、进出口等重点领域的监测管理，及时组织查处版权侵权行为。

省版权主管部门应当推动建立重大案件挂牌督办、版权侵权典型案例发布等制度。

【**释义**】本条是关于重点监管及预警制度的规定。

对重点作品、重点关注市场和重点领域的版权侵权行为的监测管理和及时查处，对于保护版权具有重大意义。中央顶层设计和地方相关立法与实践充分体现了对版权工作重点领域的关注。例如，《知识产权强国建设纲要（2021—2035年）》将"聚焦重点，统筹协调"确立为版权保护的工作原则。《版权工作"十四五"规划》则要求："加强对网络服务商的版权重点监管和重点作品版权保护预警，推动互联网企业全面履行主体责任。建立重点关注市场名录，针对电商平台、展会、专业市场、进出口等关键领域和环节构建行政执法快速处理渠道。"《广东省知识产权保护条例》第十条规定："负责知识产权保护的主管部门和相关部门应当加强知识产权保护智能化建设，利用大数据、人工智能、区块链等新技术，在涉案线索和信息核查、源头追溯、重点商品流向追踪、重点作品网络传播、侵权实时监测与在线识别、取证存证和在线纠纷解决等方面，创新保护方式。"

具体而言，该条内容涵盖以下几项重要制度，这对于重点作品版权保护、重点领域监测管理、重大案件快捷办理和版权保护社会宣传等多个方面具有重要意义。

一、重点作品版权保护预警制度

预警制度在版权保护领域中又称为"白名单制度"。重点作品与预警制度的结合运用始于国家版权局对热播、热映的重点影视作品的版权提供有力保护的实践。根据这一制度，被列入预警名单的影视剧基本信息将在国家版权局网站上公布，同时由工作小组将信息发送至各网站。预警信息包括作品名称、权利主体、授权形式、授权期限以及分销、置换情况。2023年，国家版权局要求相关网络服务商对版权保护预警名单内的重点作品采取以下保护措施：直接提供内容的网络服务商未经许可不得提供版权保护预警名单内的作品；提供存储空间的网络服务商应当禁止用户上传版权保护预警名单内的作品；相关网络服务商应当加快处理版权保护预警名单内作品权利人关于删除侵权内容或断开侵权链接的通知。

二、重点关注市场名录

重点关注市场通常表现为专业市场或电商平台，是商品生产流通领域的关键环节和重要场所，具有制度健全、管理规范、配套成熟、信息畅通等优势和特点。充分利用重点关注市场的优势做好知识产权保护工作，对于切断假冒伪劣商品的流通渠道，加强对中小微企业的知识产权监管，营造良好的创新和营商环境，推动高质量发展具有重要意义。《关于强化知识产权保护的意见》要求："建立重点关注市场名录，针对电商平台、展会、专业市场、进出口等关键领域和环节构建行政执法、仲裁、调解等快速处理渠道。"国家版权局印发的《版权工作"十四五"规划》也要求："建立重点关注市场名录，针对电商平台、展会、专业市场、进出口等关键领域和环节构建行政执法快速处理渠道。"

从实践来看，各地多根据本地的产业传统、市场分布和行业分布度等因素，在自主申报、行政认定和向社会公开公布的基础上确定当地的重点关注市场名录。建立重点关注市场名录，对广东省版权保护和经济发展具有现实意义和长远经济价值。广东省有着悠久雄厚的商业积淀，产业门类丰富，行业集聚度高，专业市场众多，电商发达，重点关注市场名录有利于鼓励市场创新，有利于为版权权利人提供周全保护，也有利于提升市场诚信和降低交易成本。

三、重点领域

重点领域是一个与新技术和版权新业态发展和运用息息

相关的动态开放的概念。重点领域版权保护的质量和效率是检验版权保护制度和实践的试金石。随着电商平台的不断丰富、展会和专业市场的快速增长，以及版权在进出口总额中的比重的不断上升，重点领域的外延也在不断扩展。保护好重点领域的版权将成为版权保护工作的重点和难点。

习近平总书记在关于《全面加强知识产权保护工作 激发创新活力推动构建新发展格局》的讲话中指示："要加大行政执法力度，对群众反映强烈、社会舆论关注、侵权假冒多发的重点领域和区域，要重拳出击、整治到底、震慑到位。"《版权工作"十四五"规划》提出，将网络领域作为版权保护主阵地，不断提升版权管网治网能力。提升传统文化、传统知识等领域的版权保护力度，完善体育赛事、综艺节目、网络直播、电商平台等领域版权保护制度。

四、重大案件挂牌督办

"挂牌督办"指上级政府或版权主管部门通过社会公示等办法，督促限期完成对重点案件的查处和整改任务，其根本目的在于提升版权执法效率，有力保护版权。

《版权工作"十四五"规划》提出："完善案件挂牌督办、监督检查、补助奖励、信息公开与年度考核等制度，落实行政执法责任制和责任追究制度。"《最高人民检察院 国家知识产权局关于强化知识产权协同保护的意见》中指出:"建立重大案件共同挂牌督办制度。最高人民检察院对办理的重大敏感、疑难复杂案件或涉及到重点领域重要行业的案件,应及时与国家知识产权局沟通,必要时双方可共同挂牌督办,加强业务指导,共同做好案件办理和舆情管控工作。"

五、典型案例发布制度

典型案例发布制度同样是实现版权有效保护的重要方法,对于推动全社会共同关注版权保护问题、普及版权保护法律知识、鼓励公众广泛参与版权保护法治环境建设、警示侵犯版权行为和推动版权保护法治建设具有重要意义。《关于强化知识产权保护的意见》要求:"逐步建立全领域知识产权保护案例指导机制和重大案件公开审理机制。"《版权工作"十四五"规划》也提出:"指导各地积极查办侵权盗版案件,突出大案要案和典型案件的查处,加大对反复侵权、恶意侵权、规模侵权等行为的处罚力度。"

第二十一条【新业态版权保护】　省版权主管部门应当推动新业态版权保护，加强版权治理新问题的研究与监管，完善体育赛事、综艺节目、网络视听、电商平台等领域的新业态版权保护制度。

省和地级以上市版权主管部门应当加强源头追溯、实时监测、在线识别等数字版权保护技术的研发运用，建立打击网络侵权行为的快速反应机制。

【释义】本条是关于新业态版权保护的规定。

新业态版权是指基于版权要素之间的融合、分化、集聚以及不同产业间的跨界整合而形成的新型版权产业形态。随着信息技术等现代科技与产业发展日益融合，新领域版权产业不断活跃，新业态版权形式日渐多样。相应地，新领域新业态版权保护问题逐步凸显。建立健全新领域新业态版权保护制度是全面加强版权保护工作、激发全社会创新创造活力和加快构建新发展格局的内在要求，也是我国版权制度进一步创新发展的重要机遇。

习近平总书记在《全面加强知识产权保护工作　激发创新活力　推动构建新发展格局》的讲话中强调，要健全大数据、人工智能、基因技术等新领域新业态知识产权保护制度。《关于强化知识产权保护的意见》"完善新业态新领域保护制度"中提出，针对新业态新领域发展现状，研究加强专利、商标、著作权、植物新品种和集成电路布图设计等的保护。

对新领域新业态版权保护工作的重视，同样体现在《国民经济和社会发展第十四个五年规划和2035年远景目标纲要》《版权工作"十四五"规划》和国务院办公厅印发的《关于进一步优化营商环境降低市场主体制度性交易成本的意见》等一系列重要的政策性文件中。

新业态版权对版权保护提出了新挑战，并提出了大量有待继续思考和研究的新问题。首先，需要在动态的、发展的观念指导下厘清"新业态"概念的内涵和外延，明确新业态版权的权利类型，拓展权利客体范畴，针对不同权利属性的作品构建和完善具体保护规则；其次，需要通过构建全面充分的新业态版权保护制度推动实现新业态版权产业的创新和发展，解决在新一轮科技革命和版权产业变革中出现的各种问题，完善版权制度设计，提高版权保护的法治化水平，激发全社会创新创造活力；最后，完善版权保护体系，提升版权保护治理能力，构筑整体性、全方位、多层次制度体系。当务之急是完善新领域新业态版权保护政策法规，夯实新领域新业态版权产业高质量发展的制度基础，适应新时代背景下版权行业融合与技术发展的趋势。鉴于此，本条重点提出了"加强版权治理新问题的研究与监管"。

新业态版权保护是版权保护在新的技术市场条件尤其是数字经济背景下面临的时代新挑战,因而新领域新业态版权保护不仅是法治命题,也是技术命题。新领域新业态版权发展不但需要良好的法治环境,更需要现代先进技术手段作为支撑,体育赛事、综艺节目、网络视听、电商平台等新领域新业态版权保护更是近年来版权保护的热点和重点,《版权工作"十四五"规划》中多有强调。因此,本条特别提出要完善这些领域的版权保护制度。

网络侵权是伴随互联网兴起而出现的一种侵权现象,简单地说,它是指在网络环境下所发生的侵权行为,涉及音频、视频、文学网站、动漫、游戏、软件等一系列广泛领域。针对网络版权保护面临的新形势、新问题和新挑战,《版权工作"十四五"规划》多次提到重点加强网络版权的保护工作。例如,要把全面保护作为版权工作主基调,把网络版权保护作为主战场,强化保护力度、拓展保护范围、突出保护重点、增强保护实效,不断提升版权保护水平,维护良好的版权秩序和环境。此外,在专项行动方面,该规划还提出要针对关键领域、重要环节、重点群体,持续开展打击网络侵权盗版"剑网"专项行动。

结合以上重要精神,为贯彻落实中央对网络侵权领域的监管要求，精准打击网络侵权行为，《版权条例》针对网络版权保护面临的新形势与新问题，倡导运用数字版权保护技术，进行事前识别、事中监测和事后追溯：省和地级以上市版权主管部门应当加强源头追溯、实时监测、在线识别等数字版权保护技术的研发运用，建立打击网络侵权行为的快速反应机制。

第二十二条【网络服务提供者主体责任】 网络服务提供者应当依法履行版权保护主体责任，建立版权内部监管机制，采取与其技术能力、经营规模以及服务类型等相适应的预防侵权措施，并完善侵权投诉机制，快速处理版权纠纷。

【释义】本条是关于网络服务提供者主体责任的规定。

网络服务提供者是指通过信息网络向公众提供信息或者为获取网络信息等目的提供服务的机构。网络服务提供者是网络信息传输的中枢，通过提供设备和连线服务，为最终用户连入网络提供技术支持。因此，从外延上说，网络服务提供者包括网络上的一切提供设施、信息和中介、接入等技术服务的个人用户、网络服务商以及非营利组织等。根据提供的服务的不同，网络服务提供者具体可以分为网络接入服务提供者、网络平台服务提供者、网络内容及产品服务提供者。

网络侵权问题是随着互联网时代的兴起而出现的，传统的著作权立法中对此鲜有涉及，对于网络侵权行为如何界定以及司法实践中的法律适用的争议性颇大。从国际视野来看，各国著作权立法中基于归责原则的不同，对网络服务提供者的责任分配也有不同的区分。总的说来，在新兴的互联网产业经济中，网络著作权保护应作为新时期版权保护的重点领域。《版权工作"十四五"规划》中多次提到重点加强网络版权保护工作：

1．把全面保护作为版权工作主基调，把网络版权保护作为主战场，强化保护力度、拓展保护范围、突出保护重点、增强保护实效，不断提升版权保护水平，维护良好的版权秩序和环境。

2．在新业态新领域版权保护方面，将网络领域作为版权保护主阵地，不断提升版权管网治网能力，并提出要完善体育赛事、综艺节目、网络直播、电商平台等领域版权保护制度，完善打击网络侵权盗版的快速反应机制。

3．在专项行动方面，针对关键领域、重要环节、重点群体，持续开展打击网络侵权盗版"剑网"专项行动。

4．加强对网络服务商的版权重点监管和重点作品版权保护预警，推动互联网企业全面履行主体责任。

对于网络服务提供者的版权保护义务与相关法律责任，《中华人民共和国民法典》作了相关规定。比如，第一千一百九十四条规定："网络用户、网络服务提供者利用网络侵害他人民事权益的，应当承担侵权责任。法律另有规定的，依照其规定。"又如，第一千一百九十五条规定："网络用户利用网络服务实施侵权行为的，权利人有权通知网络服务提供者采取删除、屏蔽、断开链接等必要措施。通知应当包括构成侵权的初步证据及权利人的真实身份信息。网络服务提供者接到通知后，应当及时将该通知转送相关网络用户，并根据构成侵权的初步证据和服务类型采取必要措施；未及时采取必要措施的，对损害的扩大部分与该网络用户承担连带责任。"再如，第一千一百九十七条规定："网络服务提供者知道或者应当知道网络用户利用其网络服务侵害他人民事权益，未采取必要措施的，与该网络用户承担连带责任。"

实际上，早在《中华人民共和国民法典》颁行之前，《中华人民共和国电子商务法》便对包括电子商务平台经营者、平台内经营者及通过自建网站、其他网络服务销售商品或提供服务的电子商务经营者应当依法保护知识产权的相关责任进行了规范。第四十一条规定："电子商务平台经营者应当建立知识产权保护规则，与知识产权权利人加强合作，依法保护知识产权。"第四十二条规定："知识产权权利人认为其知识产权受到侵害的，有权通知电子商务平台经营者采取删除、屏蔽、断开链接、终止交易和服务等必要措施。"对于电子商务平台经营者的法律责任，该条规定其在接到通知后，应当及时采取必要措施，并将该通知转送平台内经营者；未及时采取必要措施的，对损害的扩大部分与平台内经营者承担连带责任。此外，第四十五条还对电子商务平台经营者的主观责任进行了规定，即其知道或者应当知道平台内经营者侵犯知识产权的，应当采取删除、屏蔽、断开链接、终止交易和服务等必要措施；未采取必要措施的，与侵权人承担连带责任。最后，为了有利于被侵权人的权利救济，第五十九条规定："电子商务经营者应当建立便捷、有效的投诉、举报机制，公开投诉、举报方式等信息，及时受理并处理投诉、举报。"

近年来，网络侵权形势日渐严峻，网络著作权纠纷不断涌现，网络著作权保护由此成为我国知识产权保护中的重要课题。针对日渐高发的网络著作权侵权行为，我国立法机关相继颁布和完善了一系列规范性文件，对网络服务提供者的法律责任进行了相关规制。本条就是依照相关规范精神，对网络服务提供者应当依法履行的主体责任所作的规定，即除了要求网络服务提供者履行其他法律规定的相关义务外，还应当履行版权保护主体责任，建立版权内部监管机制，根据实际情况采取与其技术能力、经营规模以及服务类型等相适应的预防侵权措施，并完善侵权投诉机制，快速处理版权纠纷。

第二十三条【源头保护】 鼓励企业、高等学校、科研机构加强风险防范机制建设，建立健全版权保护制度，提高自我保护能力，强化版权源头保护。

鼓励采用时间戳、区块链等电子存证技术获取、固定版权保护相关证据。

【释义】本条是关于源头保护的规定。

企业、高等学校和科研机构是知识产权最重要的生产者和使用者，同时也面临着侵权与被侵权的双重风险。

企业、高等学校和科研机构面临的版权（被）侵权风险长期以来是版权保护面临的重要问题。关于权利保护，法理意义上可以分为两种：一是外在保护，二是自我保护。关于知识产权自我保护问题，《广东省知识产权保护条例》规定："企业、高等学校、科研机构以及其他从事知识产权相关活动的单位和个人应当增强知识产权保护意识和能力，履行知识产权保护义务，接受负责知识产权保护的主管部门和相关部门的指导、监督和管理,配合行政机关的执法活动。"在版权侵权现象易发高发的当下,光是依靠外在保护,对于权利人的权利保障是极为不够的。正因为如此,综合运用各类现代技术手段,强化版权风险防范机制,构建完善的版权自我保护机制,对于企业、高等学校和科研机构的版权保护是非常重要的。

对企业、高等学校和科研机构而言,因版权被侵害而引发民事诉讼往往不可避免。证据是诉讼的灵魂,这必然要求权利人在版权日常管理或保护工作中养成证据意识。对于版权领域,除了采取传统方法收集固定证据之外,利用各种可行的现代技术保存和固定证据,对于版权维权也是非常重要的。

电子数据在互联网时代越来越成为常见的证据形式。实践证明,大量证据在诉讼中以电子数据存证的形式呈现。电子证据在司法实践中的具体表现日益多样化,呈现出数量多、增长快、占比高、种类多等趋势,电子数据存证的使用频次和数据量均显著增长。2018年出台的《最高人民法院关于互联网法院审理案件若干问题的规定》第十一条规定:"当事人提交的电子数据,通过电子签名、可信时间戳、哈希值校验、区块链等证据收集、固定和防篡改的技术手段或者通过电子取证存证平台认证,能够证明其真实性的,互联网法院应当确认。"这是最高人民法院首次以司法解释的形式确认了区块链存证技术在司法应用中的合法地位。

目前，我国常见的电子数据存证方式包含可信时间戳、第三方电子存证平台和见证机构或公证处合作的方式和区块链存证三大类。与传统取证手段相比，电子数据存证具有天然优势：第一，以区块链技术为代表的电子数据存证，其具备的分布式存储、不可篡改特征，天然适用于电子数据如电子合同、交易、行为数据、专利、版权、图像、邮件等的固证取证；第二，与传统的公证处固证相比，电子数据存证成本更低；第三，电子存证技术可以应对复杂网络环境的挑战，通过电子取证的方式能够大大提升取证速度和效果，同时大大减少错过网上侵权内容的风险。

正因为如此，本条第二款规定："鼓励采用时间戳、区块链等电子存证技术获取、固定版权保护相关证据。"

第二十四条【执法能力建设】 县级以上版权主管部门应当加强版权行政执法能力建设，统一执法标准，完善执法程序，强化业务培训、装备建设和新技术应用，提高执法专业化、信息化、规范化水平。

【释义】本条是关于执法能力建设的规定。

《知识产权强国建设纲要（2021—2035年）》要求：
"依法科学配置和行使有关行政部门的调查权、处罚权和强制权。建立统一协调的执法标准、证据规则和案例指导制度。大力提升行政执法人员专业化、职业化水平，探索建立行政保护技术调查官制度。建设知识产权行政执法监管平台，提升执法监管现代化、智能化水平。"

综合行政执法改革作为全面深化改革中行政体制改革的重要组成部分，属于国家治理体系和治理能力现代化的重要内容。综合行政执法改革的一个重要方面就是要加强法治队伍建设工作，即建设高素质法治专门队伍，达到队伍正规化、执法规范化、能力现代化。

党的十八大以来，各级文化市场综合执法机构深入贯彻落实习近平法治思想，综合执法改革持续深化，执法办案能力进一步加强，综合执法队伍的执法规范化、专业化、信息化水平明显提升。但随着综合行政执法改革的不断深入推进，基层执法部门面临着划转职能越来越多、执法领域不断扩宽、执法程序不断规范等工作变化，这些变化也给执法能力建设提出了更高的要求。

执法能力建设是提高版权行政保护效能的重要手段，新时代的版权行政执法要求统一执法标准，完善执法程序，强化业务培训、装备建设和新技术应用，达到执法专业化、信息化、规范化。

第二十五条【投诉举报处理机制】 县级以上版权主管部门应当会同有关部门建立健全版权侵权投诉、举报处理机制，公开投诉、举报的受理渠道和方式，及时处理投诉、举报，并按规定将处理结果反馈投诉人、举报人。

【释义】本条是关于投诉举报处理机制的规定。

一、建立版权投诉举报机制的背景

《关于强化知识产权保护的意见》中明确要求："强化维权援助、举报投诉等公共服务平台软硬件建设，丰富平台功能，提升便民利民服务水平。"《"十四五"国家知识产权保护和运用规划》也倡导"提高知识产权行政保护效能"，"利用新技术手段畅通投诉举报渠道，提升打击侵权假冒行为的效率及精准度"。在《版权工作"十四五"规划》的"强化社会监督共治"中，明确要求畅通投诉举报渠道，提高投诉处理质量和效率，并要求完善侵权盗版举报奖励机制，鼓励和引导权利人积极投诉侵权盗版行为，激发社会公众参与版权保护积极性和主动性，等等。

完善的投诉举报机制，有利于畅通权利人维权渠道，规范版权侵权投诉举报工作；有利于版权主管部门及时发现版权侵权线索与有效查处版权侵权案件，进而充分保障权利人的合法权益。

根据我国相关法律规范精神，投诉是指依照《著作权法》享有著作权或者与著作权有关的权利的中国公民、法人或者其他组织，或者外国人、无国籍人，或者是依法享有专有使用权的使用者，或者是利害关系人，认为其权利遭受非法侵害之后向版权主管部门予以报告，请求依法对侵权人进行处理的行为。举报则是指权利人以外的知情人就著作权侵权行为向版权主管部门检举或控告的行为。二者的区别在于发起的主体不同，投诉的主体为权利人，举报的主体不是权利人。

二、行政投诉指南

为更好地保护权利人的权益，国家版权局于2006年印发了《著作权行政投诉指南》，对投诉作出了具体规定。主要内容如下：

1. 关于受理投诉的行政机关。受理著作权行政投诉的机关为各级著作权行政管理部门（现行《著作权法》修改为

"著作权主管部门")。权利人发现侵权行为后,可以根据情况向侵权行为实施地、侵权结果发生地(包括侵权复制品储藏地、依法查封扣押地、侵权网站服务器所在地、侵权网站主办人住所地或者主要经营场所地)的著作权行政管理部门投诉。在某些情况下,著作权行政管理部门可以依法将投诉移交另一著作权行政管理部门处理。

2. 关于投诉人。投诉人应当是根据《著作权法》享有著作权或者与著作权有关的权利的中国公民、法人或者其他组织,或者外国人、无国籍人,或者是依法享有专有使用权的使用者,或者是利害关系人。知情人可以就侵权行为向著作权行政管理部门进行举报。

3. 关于投诉范围。投诉涉及的侵权行为应当是《著作权法》第四十七条(现行《著作权法》第五十三条)或者《计算机软件保护条例》第二十四条列举的、同时损害公共利益的侵权行为。权利人即使不知道侵权行为是否损害公共利益,也可以向著作权行政管理部门投诉,由著作权行政管理部门进行审查判断。

4. 关于投诉时效。投诉应该自侵权行为发生之日起两年内向著作权行政管理部门提出。自侵权行为发生之日起两年后进行的投诉,著作权行政管理部门不再受理。对于有连续或者继续状态的侵权行为,两年期限自侵权行为终止之日起计算。

　　5．关于投诉材料。投诉人向著作权行政管理部门投诉时，应当提交下列材料：（1）调查申请书，其中应当写明投诉人、被投诉人的姓名（或者名称）和地址，投诉日期，申请调查所根据的主要事实和理由；（2）投诉人的身份证明（如果投诉人委托代理人进行投诉，应当同时提交委托书和代理人的身份证明）；（3）权利归属的初步证据，如作品原稿，由投诉人署名发表的作品，作品登记证书，取得权利的合同，或者认证机构出具的证明等；（4）侵权证据，包括侵权复制品，涉及侵权行为的账目、合同和加工、制作单据，证明侵权行为的公证书，有关照片等。投诉材料可以直接向著作权行政管理部门提交，也可以通过邮寄方式提交。投诉人提交的投诉材料如果文字部分是外文，应当附带相应的中译文。

第四章

•••

版权管理与服务

本章共11条，主要对创新监管方式、软件正版化监管、进出口风险管理、作品登记与存证、作品登记流程、鉴定和价值评估、金融服务、社会服务、行业自律、专家库、人才培养和队伍建设作出规定。

第二十六条【创新监管方式】　省版权主管部门应当利用大数据、人工智能、区块链等新技术，健全版权监管工作平台，在作品登记、监测预警、宣传培训等方面创新版权监管方式，提高版权管理和服务能力。

【释义】本条是关于创新监管方式的规定。

一、版权监管

版权监管是指版权主管部门在版权法律规定的范围内，

对于作品的使用、复制、传播等行为进行监督和管理，保障版权人的合法权益。版权监管的意义在于保护版权人的合法权益，促进文化产业的发展，加强对知识产权的保护，提升文化创新能力。

版权监管与新技术应用密切相关。随着数字化、网络化时代的到来，版权监管面临着新的挑战，需要适应新技术应用的发展，采用更加智能化、高效化的监管手段和技术，加强对数字版权的保护和管理。例如，采用人工智能技术和大数据分析技术，对网络上的侵权行为进行监测和识别，以及开发区块链技术等。在技术迅猛发展的过程中，要通过互联网技术和信息化手段，建立起一个集版权监管、版权保护、版权维权、版权交易等多功能于一体的平台，以更好推动版权监管能力提升。

二、版权管理和服务

版权管理和服务是指版权主管部门对作品的版权进行保护、管理和提供服务的过程。它包括版权登记、版权许可和维权服务等方面。版权管理和服务能力提升的意义在于，可以更好地保护版权人的权益，提高版权的商业价值，增加版权的利润和收益，同时也可以促进文化产业的发展和创新。

通过运用大数据、人工智能、区块链等新技术，提高版权管理的效率和精度，在作品登记、监测预警、宣传培训等方面创新工作举措，以提高版权管理和服务能力，建立更加完善的版权保护体系，促进知识产权的创新创造，为社会经济发展提供更好支持。

第二十七条【软件正版化监管】 县级以上人民政府应当组织、指导和协调使用正版软件工作，建立健全软件正版化工作动态监管机制，对国家机关和企业事业单位的软件使用情况进行监督检查。

软件使用单位应当落实软件正版化工作主体责任，建立使用正版软件长效机制，完善工作责任、日常管理、软件配置、软件台账和安装维护等制度。

【释义】本条是关于软件正版化监管的规定。

一、软件正版化工作的重要意义

软件产业是基础性、先导性和战略性产业，是信息化建设和信息安全保障的核心和灵魂，在推动调整经济结构、转变发展方式、工业化与信息化深度融合方面发挥着极其重要的作用。推进使用正版软件工作意义重大。

首先，推进软件正版化，是建设创新型国家的必然要求。随着知识经济和经济全球化发展的不断深入，知识产权日益成为国家发展的战略性资源和体现国际竞争力的核心要素，成为建设创新型国家和文化强国的重要支撑。当前，中国经济正面临由中低端向中高端升级的新阶段，坚持实施创新驱动发展战略，打造创新驱动新引擎。实施创新驱动发展战略，必须加强知识产权保护，让创新者得到应有回报，才能不断激发创新活力，大众创业、万众创新之火才能形成燎原之势。反之，如果知识产权得不到有效保护，全社会创新的积极性就会受挫，建设创新型国家将成为无源之水、无本之木。软件是典型的知识产权密集型产品，软件的研发与维护需要投入大量人力和财力，放任使用盗版软件行为，将严重打击软件研发的积极性。因此，推进软件正版化是保护知识产权、建设创新型国家的重要组成部分。

其次，推进软件正版化是打造中国经济升级版的重要支撑。发展软件产业对于优化我国产业结构、改变经济增长方式、提升国民经济运行质量具有重要作用。当前，软件使用无处不在。特别是在现代化生产过程中，软件成了核心问题，一个国家如果在软件方面没有处于领先地位，则很难在其他领域立足。放任使用盗版软件行为，不仅会严重阻碍软件产业的发展，甚至还会给整个国民经济发展带来很大的负面影响。总体来看，我国软件版权保护环境还未得到根本性改善。软件盗版问题一直是制约我国软件产业发展的主要因素之一。与国外软件企业相比，软件盗版对我国民族软件产业的损害更大。推进软件正版化，关系到软件产业发展必需的市场环境，涉及成千上万中国软件企业的切身利益。

再次，推进软件正版化，是确保信息系统安全高效运行的重要基础。信息化是当今世界发展的大趋势，是推动经济社会变革的重要力量。大力推进信息化，是覆盖我国现代化建设全局的战略举措。软件作为改变信息内容和格式的基本工具，是信息系统的基石，是保障信息系统安全高效运行的核心和基础，已成为信息化建设的关键环节。不规范软件安装使用，甚至使用盗版软件，不仅会影响信息系统的有效运行，也会给信息系统带来严重的安全隐患。推进软件正版化对提高信息化建设水平和保障信息安全至关重要。

二、软件正版化工作的要求

2013年，国务院办公厅印发《政府机关使用正版软件管理办法》明确要求："国务院各部门、地方各级政府及其部门对本部门和本地区政府机关使用正版软件工作负总责，其主要负责人是使用正版软件工作的第一责任人；负责信息化工作的部门及其负责人具体负责本地区、本单位使用正版软件的推进工作。""著作权行政管理部门会同推进使用正版软件工作机制各成员单位负责政府机关使用正版软件情况日常监管、督促检查及培训工作。"为了指导各级政府机关和企业事业单位开展正版软件管理工作，规范使用正版软件行为，提高软件资源使用效率，保障信息系统安全高效运行，推进使用正版软件工作规范化标准化，推进使用正版软件工作部际联席会议办公室编制了《正版软件管理工作指南》，明确要求在工作责任、日常管理、软件配置、软件台账和安装维护等制度上建立长效机制。

　　本条立法意旨充分参酌国家软件正版化相关规范性文件精神，明确规定县级以上人民政府应当组织、指导和协调使用正版软件工作，建立健全软件正版化工作动态监管机制。除了要求对国家机关的软件使用情况进行监督检查以外，《版权条例》还将企业事业单位正版软件使用情况纳入了监督检查范围，将使用正版软件工作向前推进。此外，为落实软件正版化工作主体责任，本条还专门设立第二款，规范软件使用单位的主体责任，即要求其建立使用正版软件长效机制，完善工作责任、日常管理、软件配置、软件台账和安装维护等制度，以将软件正版化工作落到实处。

第二十八条【进出口风险管理】 版权主管部门与有关部门应当按照国家和省的规定，加强对作品引进和出口的监督管理，推动建立版权管理跨部门联动应对机制，维护国家版权核心利益。

【释义】本条是关于进出口风险管理的规定。

版权风险管理

版权作品作为意识形态领域的产品，在进行进出口贸易过程中，更多地受到政府和政策的监管。根据《电影管理条例》《出版管理条例》《音像制品管理条例》《广播电视管理条例》等相关行政法规可以看出，我国对文化产品的内容有严格的审查制度。凡涉及：与《宪法》基本原则相违背的；危害国家统一、主权和领土完整的；泄露国家秘密、危害国家安全或者损害国家荣誉和利益的；煽动民族仇恨、民族歧视，破坏民族团结，或者侵害民族风俗、习惯的；宣扬邪教、迷信的；扰乱社会秩序，破坏社会稳定的；宣扬淫秽、赌博、暴力或者教唆犯罪的；侮辱或者诽谤他人，侵害他人合法权益的；危害社会公德或者民族优秀文化传统的；有法律、行政法规和国家规定禁止的其他内容的，将被禁止制作、进出口及传播。

因此，在版权进出口贸易过程中，尤其是进口版权交易中要着重评估版权产品是否涉及上述禁止内容，是否会产生流程审查风险。一方面，要严格审核作品内容及著作权人的意识形态、政治立场；另一方面，就版权作品部分内容涉及国家禁止内容的，须明确取得版权作品的修改权，在合理范围内对作品内容进行修改、增删，以有效规避可能的审查风险。

版权作品的进出口，对吸收世界优秀文化成果，推动我国优秀版权作品"走出去"，对于进一步满足人民群众多层次多方面的精神文化需求、提升我国文化软实力具有积极作用。但是，当前版权作品进出口工作中还存在一些较为突出的问题，影响了版权产业领域对外开放、文化市场的正常秩序，以及我国文化事业和版权产业的健康发展。为了适应形势发展的要求，加强和改进版权作品进出口监督管理，切实保护知识产权，提高对外开放水平，必须加强对版权作品引进和出口的审查和监管，推动建立版权管理跨部门联动应对机制，维护国家版权核心利益。

第二十九条【作品登记与存证】 省版权主管部门应当采取信息化手段，提升作品登记数字化水平，加强作品登记档案管理和信息公开，引导和鼓励企业事业单位以及其他从事作品创作的单位和个人进行作品登记。

地级以上市可以通过补助、补贴等方式减免作品登记费用。

鼓励社会力量建设相关专业领域作品数据库，提供作品存证、数字取证、版权侵权监测与识别等服务。

【释义】本条是关于作品登记与存证的规定。

作品登记是指权利人自愿将其享有版权的作品向登记机构办理登记，以此证明其对作品享有版权。

存证一般指的是电子数据存证。指将电子数据证据信息（如版权作品），保存在安全稳定的数据库中，以便在需要时予以调用，同时它还采用了特定的技术以便能将这种过程通过数据予以记录，来证明特定时间的电子数据的状态，也可来证明电子数据在存储后并未被篡改。

一、作品登记

我国作品登记采取自愿登记制度，作品版权自作品创作完成即自动获得。正因为如此，许多权利人往往对自己的作品登记意识不强，亦使得日后发生版权纠纷时，常常令自己陷入举证责任方面的被动之境，进而耗费较大的维权成本。版权登记有以下几点好处：一是在版权人被侵权需主张自己的权利时，作品登记证书可作为其拥有权利的初步证明；二是通过版权登记可以明确权利归属，如委托作品、法人作品、职务作品等，以此减少相关权利纠纷；三是有利于作品的许可、转让，促进作品的传播和经济价值的实现；四是版权登记数量是权利人自我价值的体现、创新实力的表现。

国家版权局对作品登记历来非常重视，并认为完善著作权登记体制机制是完善版权社会服务体系、提升版权社会服务能力的一项重要工作。在《版权工作"十四五"规划》中，国家版权局倡导推进建立全国统一的著作权登记体系，进一步规范作品登记、计算机软件著作权登记、著作权质权登记、涉外著作权合同登记、著作权专有许可使用合同及转让合同备案等工作，充分发挥著作权登记机构的作用，不断提升著作权登记的质量，逐步实现著作权登记在线办理，为社会各界和产业发展提供更优质更便捷的服务。

为继续保持我省版权产业良好发展势头，引导和鼓励权利人积极主动地进行作品登记，本条规定省版权主管部门应当按照国家版权主管部门的要求，加强作品登记数字化建设水平，推进作品登记的数字化和便捷化。按照国家版权主管部门以上工作要求，该条还规定要求省版权主管部门采取信息化手段，加强作品登记档案管理和信息公开，一是方便社会查询，二是方便作品登记证据归集，有利于推动实现作品登记、查询、监测和维权一体化服务。

该条还倡导性规定地级以上市参考省内外一些地市在鼓励作品登记方面的成功做法，通过补助、补贴等方式来减免权利人的作品登记费用。

二、作品存证

近年来，在重点知识产权纠纷案件中，电子证据得到了越来越多的应用，我国相关法律规范性文件也对其进行了肯定。2019年新修订的《最高人民法院关于民事诉讼证据的若干规定》相关条款，也对电子数据的客体、真实性和证明力等方面进行了规定。《最高人民法院关于互联网法院审理案件若干问题的规定》第十一条更是对电子数据形式进行了明确规定，当事人提交的电子数据，通过电子签名、可信时间戳、哈希值校验、区块链等证据收集、固定和防篡改的技术手段或者通过电子取证存证平台认证，能够证明其真实性的，互联网法院应当确认。

因此，为方便权利人在维权过程中对证据的调取、固定和收集以及克服版权侵权监测与识别等活动中的难题，该条积极鼓励通过社会力量建设相关专业领域作品数据库，为权利人提供作品存证、数字取证、版权侵权监测与识别等服务，这对于完善版权社会服务体系、提升版权社会服务能力具有重要意义。

第三十条【作品登记流程】　作品登记实行自愿申请原则。权利人申请作品登记的，应当向省版权主管部门或者其依法委托的单位提出。

申请作品登记，应当如实提交下列材料：

（一）作品登记申请书；

（二）作品原件或者复制件；

（三）作品说明书；

（四）表明作品权属的相关证明；

（五）公民身份证明、法人或者其他组织的设立证明；

（六）依法应当提交的其他材料。

作品登记机构应当自收齐申请材料之日起十五个工作日内完成作品登记核查工作，对符合登记条件的作品应当核发作品登记证；对不符合登记条件的作品，不予登记，并及时告知申请人。

【释义】本条是关于作品登记流程的规定。

关于对著作权人的保护，我国与《伯尔尼公约》基本一致，对其作品采取自动保护原则，也就是说，作品一经完成，作者即自动享有著作权，不需要履行登记手续。但是，由于我国著作权相关保护制度起步较晚，全社会版权意识还比较低，法律意识比较薄弱，侵权现象较为频发。因此，权利人及时向版权主管部门申请作品登记，不仅有利于进一步明晰产权归属，而且日后发生权属纠纷时，更加方便举证维权。

我国早在1994年12月31日就由国家版权局发布了《作品自愿登记试行办法》，对作品登记原则、登记机关、登记申请者、不予登记、撤销登记、登记所需材料、作品登记证、作品登记公开等一系列程序性事宜均作了较为详细的规定。

从法理上说，由于我国作品采取自动保护原则，作品登记仅是一种程序性活动，原则上，作品登记机构仅对申请人相关材料进行一定形式审查，无须进行实质性审查。因此，为强调效率，本条规定作品登记机构自收齐申请材料之日起15个工作日内应当完成作品登记核查工作，对符合登记条件的作品核发作品登记证；对不符合登记条件的作品（不受著作权法保护的作品；超过著作权保护期的作品；依法禁止出版、传播的作品），不予登记，并及时告知申请人。当然，从法理上讲，作品登记不属于行政许可性质的法律行为，因而申请人对登记机关不予登记的作品并不可诉。

第三十一条【鉴定和价值评估】　省版权主管部门应当支持和指导版权鉴定机构、版权价值评估机构加强专业化、规范化建设，推动建立版权鉴定技术标准和版权价值评估标准。

【释义】本条是关于鉴定和价值评估的规定。

版权鉴定是对版权作品之间的异同性进行的客观判断，最终以鉴定意见形式予以呈现。

版权价值评估是指对版权作品所具有的价值进行评估，以确定其合理的价格和市场价值。

健全版权公共服务体系，完善版权社会服务体系，全面提升版权社会服务能力，是版权工作领域全面深化改革的重要目标以及推进实施创新驱动发展战略的基础保障。版权鉴定与版权价值评估是新形势下版权保护与版权服务链条中的重要环节，前者是评判作品是否构成侵权的重要手段，后者是版权交易过程中的重要环节。这些制度机制，需要健全的版权公共服务体系和成熟的版权社会服务体系予以保障与支持。

一、版权鉴定

版权鉴定可以为行政机关在执法工作中、司法机关在司法审判过程中遇到的作品异同性等问题提供专业意见，也可以为权利人在维权工作中提供技术帮助，因而具有重大意义。

目前关于版权鉴定工作，尚未见明确的上位法和其他相关规范依据。关于与版权鉴定相关的司法鉴定，目前国家层面的规范是2005年2月28日第十届全国人大常委会第十四次会议通过的《全国人民代表大会常务委员会关于司法鉴定管理问题的决定》，其对司法鉴定业务规定了四大类司法鉴定，版权鉴定不属于司法鉴定范畴。

基于此，关于版权鉴定机构、版权价值评估机构之专业化与规范化建设问题，本条拟将该工作职责加于省版权主管部门，期望通过其职责、地位和专业能力以及其号召力与组织力，支持、指导和协调版权行业组织和社会组织，推动其建立版权鉴定技术标准和版权价值评估标准。

《关于强化知识产权保护的意见》强调：在知识产权行

政执法案件处理和司法活动中引入技术调查官制度，协助行政执法部门、司法部门准确高效认定技术事实；探索加强知识产权侵权鉴定能力建设，研究建立侵权损害评估制度，进一步加强司法鉴定机构专业化、程序规范化建设。

《"十四五"国家知识产权保护和运用规划》提出：建立完善知识产权侵权纠纷检验鉴定工作体系，加强知识产权鉴定机构专业化、规范化建设，推动建立知识产权鉴定技术标准。

《版权工作"十四五"规划》提出要充分利用各种社会资源和力量，发挥各级各类版权协会、版权保护中心、版权交易中心、版权服务站、行业版权联盟、版权代理机构和高校、科研院所等单位的作用，加强对版权社会组织的支持和管理，引导版权社会组织在资产管理、版权运营、鉴定评估、版权金融、监测预警、宣传培训、法律服务、纠纷调处等方面发挥专业性优势。

二、版权价值评估

在我国无形资产价值评估领域，版权价值评估基本处于空白状态。版权是权利人的一项重要的无形资产，版权价值的合理评估不仅是权利合理流转必不可少的手段，而且对版权产业、资产评估行业发展具有重要促进作用。

《版权工作"十四五"规划》提出，要巩固和提升国家（国际）版权交易中心和贸易基地在促进版权产业发展中的地位和作用，突出版权交易中心和贸易基地在版权评估、版权交易、版权融资、监测维权、版权咨询等方面的功能。我省近年来通过的其他相关地方立法对此也非常重视，如《广东省知识产权保护条例》第四十三条规定："负责知识产权保护的主管部门应当推动知识产权服务业发展，加强对从事知识产权咨询、培训、代理、鉴定、评估、运营、大数据运用等服务业的培育、指导和监督，依法规范其执业行为。"

第三十二条【金融服务】 省人民政府应当采取政策引导措施，优化版权融资服务，推动版权质押融资、版权证券化，拓宽直接融资渠道，培育版权金融服务市场。

鼓励保险机构依法开发版权交易保险、侵权保险等适应版权产业发展需要的保险产品。

【释义】本条是关于金融服务的规定。

版权所包含的著作财产权是版权金融得以实现的起点，业界和学界普遍认为最主要的服务模式是版权质押，其次还包括版权证券化、版权信托、版权保险、版权租赁等。

　　《版权工作"十四五"规划》多次提到"版权金融"：一是在提升版权社会组织服务水平方面，提出要引导版权社会组织在资产管理、版权运营、鉴定评估、版权金融、监测预警、宣传培训、法律服务、纠纷调处等方面发挥专业性优势；二是在强化国家版权创新发展基地建设方面，提出要运用国家版权创新发展基地建设的举措，在版权产业集聚、商业模式创新、版权金融试点、体制机制创新等方面加大探索和试点力度；三是在加强推进版权产业发展的支撑工作方面，提出要完善版权质押融资相关体制机制，推动版权金融试点工作。这些重点内容，既是对版权金融在推动版权产业发展过程中的意义和作用予以了认可，同时也为版权金融发展指明了前进方向，即版权金融服务于版权社会服务体系和版权产业发展体系，是版权创造、运用和保护的重要激励手段，是版权强国建设的关键基础支撑。

　　2019年修订的《广东省自主创新促进条例》对支持金融机构开展知识产权质押金融创新服务也有专门规定。如第四十三条规定："鼓励和支持金融机构开展知识产权质押融资、保险、风险投资、证券化、信托等金融创新服务。符合条件的银行业金融机构可以依法开展科技信贷服务，创新投贷联动服务模式。保险机构可以根据自主创新成果转化与产业化的需要开发保险品种。"

实际上，版权金融试点工作已在我省深圳等市展开，并取得和积累一部分较为成功的经验，值得在全省乃至全国进一步推广。

正因为如此，本条规定由省人民政府采取相关政策引导措施来进行推动，优化版权融资服务，推动版权质押融资和版权证券化，发展多层次资本市场，拓宽直接融资渠道，进一步培育版权金融服务市场。

近年来，随着版权产业的不断发展，版权产业与保险业进行交叉融合发展，"版权+保险"服务模式应运而生。比如，"保险+服务"模式的版权维权保险，为被保险人维权提供诉前风险评估服务和诉中维权服务，以及败诉险和执行险的应用，有效提升被保险人即权利人获得赔偿的能力。

实践证明，版权保险的保障范围非常广泛，几乎可以覆盖所有创作作品类型，涉及文学、艺术和自然科学、社会科学、工程技术等众多领域，因而说明版权保险具有广阔的应用前景和应用场景。

因此，本条特拟相关内容，鼓励保险机构依法开发版权交易保险、侵权保险等多个险种，以适应版权产业日益发展的需要。

第三十三条【社会服务】　省和地级以上市版权主管部门应当完善版权社会服务体系，引导和规范基层工作站、版权中心等版权社会服务机构的建设，发挥其在政策研究、宣传培训、咨询服务、纠纷调处等方面的专业优势。

【释义】本条是关于社会服务的规定。

社会服务是指为整个社会正常运行与协调发展提供的服务。版权社会服务包括为权利人、使用人、作者、社会公众等主体提供的版权鉴定、版权价值评估、宣传培训、作品登记、版权保护、版权运用等多样化的服务活动。

版权社会服务是版权服务的重要一环。健全版权社会服务体系，必须充分利用各种社会资源和力量，发挥各级各类版权协会、版权保护中心、版权交易中心、版权服务站、行业版权联盟、版权代理机构和高校、科研院所等单位的作用，加强对版权社会组织的支持和管理，引导其发挥专业性优势。

版权基层工作站是经过版权部门批准设立，为基层版权业态提供全方位版权服务的工作站，是作品登记、版权宣传、版权咨询、版权培训、版权交易、版权调解、"一站式"维权服务的机构。作为版权基层工作站服务窗口，它们将立足于为用户提供版权知识、版权咨询以及相关各种版权服务。例如，对于已获得著作权登记的作品，工作站可协助权利人发布，帮助传递版权信息，促进版权交易；工作站还提供多名专业律师及专家，为著作权人提供"一站式"维权援助；工作站也直接代理作品著作权登记业务，帮助、指导著作权人进行版权登记，确保申请资料的完整性、准确性和有效性。通过定期不定期开展著作权等相关法律法规培训，工作站协助建立企业内部版权保护防御体系，促进和建立版权贸易平台及对外版权贸易窗口。

基于此目的，本条规定，省和地级以上市版权主管部门应当完善版权社会服务体系，引导和规范基层工作站、版权中心等版权社会服务机构的建设，充分发挥其在政策研究、宣传培训、咨询服务、纠纷调处等方面的专业优势，真正发挥版权社会机构的重要作用。

第三十四条【行业自律】 版权行业组织应当制定行业规范，加强自律管理，对其会员的版权工作进行指导，并提供版权政策研究、宣传培训、监测预警、纠纷调处等服务，对违反行业自律规范的行为实施行业惩戒。

【释义】 本条是关于行业自律的规定。

行业组织作为一种自治性民间社会组织，通过行业规范实行自律管理。行业规范是典型的内部规则，它是在对行业内各个企业的权利和利益进行协调、平衡的过程中，通过谈判、协商、妥协等方式达成的一种共识，由组织成员共同遵守。

版权行业组织不同于行业协会，是版权专业社会团体，主要功能是促进创新、维护会员合法权益、推进产业进步并为之赋能，并为版权产业提供社会服务以及提升版权创造、运用、保护、管理的能力。它是一种民间性组织，它不属于政府管理机构，而是政府与企业的桥梁和纽带，在企业与政府间建立起一种长久可靠的信任机制。另外，行业组织通过其沟通与协调功能，实现了业内群体利益与国家利益的沟通以及行业内部力量的自我协调与平衡，从而为民主与法治提供以自我调控为基础的自生自发秩序。

在国家强调构建的知识产权协同保护格局中，党委、政府等各个部门的角色任务应当作如下观，即党委统一领导、政府履职尽责、执法部门严格监管、司法机关公正司法、市场主体规范管理、行业组织自律自治、社会公众诚信守法。由此亦可看出版权行业组织自律自治在构建知识产权协同保护格局中的重要性。

因此，本条充分重视版权行业组织自律自治、自我管理、自我约束和自我发展的作用，从三个方面对其进行了规范：第一，应当制定行业规范，加强自律管理，并对其会员的版权工作进行一系列指导；第二，积极发挥其行业组织职能，提供版权政策研究、宣传培训、监测预警、纠纷调处等方面的服务；第三，对违反行业自律规范的行为实施行业惩戒，以构建良好的、内生的版权秩序。

第三十五条【专家库】 省版权主管部门应当建立版权专家库，规范专家库运行管理和专家咨询工作，组织专家开展版权相关重大问题研究，为版权管理和版权产业发展提供咨询服务等专业支持。

【注释】本条是关于专家库的规定。

专家库类似于智库，是一个国家或地区"软实力"和"话语权"的重要组成部分，对政府决策、产业发展、社会舆论与公共知识传播具有深刻影响。从组织形式和机构属性上看，智库既可以是具有政府背景的公共研究机构，也可以是不具有政府背景或具有准政府背景的民营研究机构；既可以是营利性研究机构，也可以是非营利性研究机构。

专家库具有联系广泛、人才荟萃、知识密集的优势。其工作职责和任务主要是从专业的角度，客观公正地提出咨询意见，为促进版权主管部门依法行使职权、推进全面保护版权提供智力支持。因此，探索建立版权专家库，充分发挥专家的作用，对提高版权主管部门依法、民主、科学决策的能力和水平，增强版权工作实效，将起到积极的推动作用。由于版权工作自身特点所决定的高度专业性与复杂性，政府部门的管理决策与公共服务往往无法满足与涵盖版权工作与产业发展的需要。因此，近年来，从中央到地方均非常重视版权人才的培养与版权智库的建设。

《"十四五"国家知识产权保护和运用规划》强调，要提升知识产权人才能力水平。完善知识产权人才分类培训体系，健全人才保障机制。加强知识产权理论研究，完善知识产权研究管理机制，强化智库建设，鼓励地方开展政策研究。

为了贯彻落实国家要求，结合广东版权工作实践，本条规定由省版权主管部门牵头建立版权专家库，并定期不定期组织专家对广东版权管理、版权产业发展、版权执法等方面的重大问题开展相关研究，提供咨询服务和专业支持，更好地推动广东版权事业和产业高质量发展。

第三十六条【人才培养和队伍建设】　省和地级以上市人民政府应当加强版权专业高层次人才的引进和培养，完善版权人才评价、激励、服务、保障制度，营造有利于版权人才发展的良好环境。

省和地级以上市人民政府应当建立政府、高等学校、科研机构、社会组织和企业相结合的版权人才培训体系，加强对版权管理人员和从业人员的培训。

【释义】本条是关于人才培养和队伍建设的规定。

党的二十大报告强调，教育、科技、人才是全面建设社会主义现代化国家的基础性、战略性支撑。必须坚持科技是第一生产力、人才是第一资源、创新是第一动力，深入实施科教兴国战略、人才强国战略、创新驱动发展战略，开辟发展新领域新赛道，不断塑造发展新动能新优势。

党的二十大报告还指出，深入实施人才强国战略。坚持尊重劳动、尊重知识、尊重人才、尊重创造；完善人才战略布局；加快建设世界重要人才中心和创新高地，着力形成人才国际竞争的比较优势；把各方面优秀人才集聚到党和人民事业中来。

人才是决定性的因素。知识经济时代，知识产权人才成为经济发展的重要资源与主要因素。近年来，国家非常重视知识产权人才的引进、培养与培育。

《"十四五"国家知识产权保护和运用规划》中强调，提升知识产权人才能力水平；完善知识产权人才分类培训体系，健全人才保障机制；加强知识产权理论研究，完善知识产权研究管理机制，强化智库建设，鼓励地方开展政策研究；加强知识产权行政管理、行政执法、行政裁决人员培养，分层次分区域持续开展轮训；加强企事业单位知识产权人才培养，建设理论与实务联训基地；建立知识产权服务业人才培训体系，提高服务业人才专业能力；大力培养知识产权国际化人才。

《知识产权强国建设纲要（2021—2035年）》中多处提及知识产权人才培养等问题。比如，强调营造更加开放、更加积极、更有活力的知识产权人才发展环境；完善知识产权人才培养、评价激励、流动配置机制；支持学位授权自主审核高校自主设立知识产权一级学科；推进论证设置知识产权专业学位；实施知识产权专项人才培养计划；依托相关高校布局一批国家知识产权人才培养基地，加强相关高校二级知识产权学院建设；加强知识产权管理部门公职律师队伍建设，做好涉外知识产权律师培养和培训工作，加强知识产权国际化人才培养；等等。

《版权工作"十四五"规划》也对版权人才培养和队伍建设提出相关要求：要进一步加大人才培养力度，加强版权理论研究和学科建设；重视版权领军人才、国际化专业人才的引进和培养；加强版权执法、版权登记、版权交易、版权代理、版权资产管理等专业化人才培养，构建政府、高校、社会组织和企事业单位互为补充的版权人才培训体系；充分发挥专家学者的优势，建立版权专家智库，整合以高校、科研院所等专业机构为主体的版权工作咨询团队，培养一批政治素质好、业务水平高的版权业务骨干；培育版权工作国际化急需的实务人才，提升版权国际问题研究能力；推进优化版权专业人员职业分类体系，制定版权专业人员职业标准，完善版权专业人员评价机制，形成有利于版权人才养成的良好环境。

值得注意的是，为加强知识产权人才队伍建设，激发全社会创新活力，《知识产权人才"十四五"规划》专门就加强知识产权人才队伍建设的总体要求、主要任务、重点项目和组织实施作出明确规定。

在推行知识产权强省战略的背景下，我省对知识产权人才的需求也随之急剧增加。因此，本条规定应当由省和地级以上市人民政府加大对版权专业高水平人才引进和培养的支持力度，完善版权人才评价、激励、服务和保障制度，营造有利于版权人才发展的良好环境；支持政府、高等学校、科研机构、社会组织和企业整合资源，建立相应的版权人才培训体系。

第五章

法律责任

本章共3条，主要对行政主体责任、从重处罚、失信惩戒作出规定。

第三十七条【行政主体责任】 版权主管部门和有关部门及其工作人员违反本条例规定，在版权工作中滥用职权、玩忽职守、徇私舞弊的，对直接负责的主管人员和其他直接责任人员，依法给予处分；构成犯罪的，依法追究刑事责任。

【**释义**】本条是关于行政主体责任的规定。

根据《版权条例》规定，相关行政机关及其工作人员，在版权工作中负有贯彻执行和监督管理的职权与职责。相应地，如果版权主管部门和有关部门及其工作人员在版权工作中滥用职权、玩忽职守、徇私舞弊，就会影响到版权监管、版权保护和产业发展等工作的顺利进行，影响政府部门在社会大众心目中的廉洁、勤政和效能等形象，损害各级政府及其工作人员的威信。因此，对于这类违法犯罪行为，必须依法追究相应的法律责任。本条对版权主管部门和有关部门及其工作人员依法履职作了相应规定。对于违反相应规定的，依照相关行政法规给予行政处分，涉嫌刑事犯罪的，依照《中华人民共和国刑法》追究刑事责任。

第三十八条【从重处罚】 对版权侵权行为作出的行政处罚决定、司法判决生效后，自然人、法人和非法人组织再次侵犯同一作品版权的，版权主管部门应当给予从重处罚。

【释义】本条是关于从重处罚的规定。

近年来，我国对知识产权的保护力度达到了前所未有的程度。习近平总书记多次在中央政治局集体学习时强调："创新是引领发展的第一动力，保护知识产权就是保护创新。"然而，对于创新的保护殊为不易。在版权侵权领域中，权利人普遍面临维权成本高、维权周期长、维权手段不力等窘境。因此，加大知识产权损害赔偿力度，让侵权者大大提升侵权成本，才能让侵权者有所忌惮，让后来者引以为戒。事实证明，只有严厉打击恶意侵权、反复侵权、规模侵

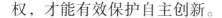

权，才能有效保护自主创新。

为了加大对知识产权的保护力度，《关于强化知识产权保护的意见》强调，加大侵权假冒行为惩戒力度。除了主张加快在专利、著作权等领域引入侵权惩罚性赔偿制度，大幅提高侵权法定赔偿额上限，加大损害赔偿力度外，还强调强化民事司法保护，有效执行惩罚性赔偿制度，研究采取没收违法所得、销毁侵权假冒商品等措施，加大行政处罚力度，开展关键领域、重点环节、重点群体行政执法专项行动。

对于版权领域的侵权行为，特别是对反复侵权、恶意侵权、规模侵权等行为，应当予以加大行政处罚力度，以充分发挥法律与政策震慑、警示与教育功能。

《知识产权强国建设纲要（2021—2035年）》要求，"适时扩大保护客体范围，提高保护标准，全面建立并实施侵权惩罚性赔偿制度，加大损害赔偿力度"。《"十四五"国家知识产权保护和运用规划》要求："加大行政处罚力度，加强侵权纠纷行政裁决，有效遏制恶意侵权、重复侵权、群体侵权。"《版权工作"十四五"规划》也反复重申"持续开展专项行动"的重要性，并强调针对关键领域、重要环节、重点群体，持续开展打击网络侵权盗版"剑网"专项行动，指导各地积极查办侵权盗版案件，突出大案要案和典型案件的查处，加大对反复侵权、恶意侵权、规模侵权等行为的处罚力度，等等。

在《版权条例》起草过程中，关于如何加大对反复侵权、恶意侵权、规模侵权等行为的处罚力度的问题，专家组争议非常大。经过多轮讨论，最后仅规定"对版权侵权行为作出的行政处罚决定、司法判决生效后"的重复侵权行为（本条"再次侵犯同一作品版权"应理解为"再次侵犯同一作品的相同形式或不同形式的版权"）给予从重处罚。这一条体现了立法机关慎重考虑到行政处罚的谦抑性。尽管如此，但这绝不是对反复侵权、恶意侵权、规模侵权等违法犯罪行为的纵容，而是鉴于新修订的《著作权法》对于侵权行为已经规定了惩罚性赔偿以及相关行政处罚措施，基本可以满足与胜任对上述侵权行为的惩罚，因而对于其他侵权行为未作从重处罚规定。首先，权利人在受到侵害之后，可以按照《著作权法》规定申请相关的惩罚性赔偿；其次，对于侵权行为同时损害公共利益的，执法机关完全可以在法定幅度之内，根据侵权行为的严重性、侵权人的主观恶性、违法经营额的大小等方面，作出与之相应的处罚，以便实现法律的震慑目的。

第三十九条【失信惩戒】 自然人、法人和非法人组织有下列情形之一，三年内不得申请政府财政性资金项目和参与表彰奖励等活动，其相关情况按照国家和省的规定纳入公共信用信息平台：

（一）故意侵犯版权严重破坏市场公平竞争秩序的；

（二）有能力履行但拒不执行生效的版权相关法律文书的；

（三）侵犯版权构成犯罪的；

（四）有其他侵犯版权严重失信行为的。

【释义】本条是关于失信惩戒的规定。

依法将自然人、法人和非法人组织在版权侵权领域的失信行为纳入公共信用信息系统，并禁止一定的市场准入行为，有助于失信行为信息的流通和公开，提高版权侵权领域失信行为的成本，实现对侵权主体失信行为的惩戒。对于知识产权领域的失信惩戒，国家政策层面多有规定。

首先，《"十四五"国家知识产权保护和运用规划》中就提出加强知识产权领域诚信体系建设的重要性，并强调：推进建立知识产权领域以信用为基础的分级分类监管模式，积极支持地方开展工作试点；制定覆盖专利、商标、版权等领域的信用信息基础目录；推进知识产权领域信用承诺制建设；规范知识产权领域严重失信主体名单认定标准和程序，依法依规对严重失信主体实施惩戒；推进知识产权信用修复制度建设；推动全国知识产权信用信息共享平台与全国信用信息共享平台实现数据共享。该规则还指出，完善年度报告、经营异常名录、严重失信主体名单制度，开展信用评价并推广应用评价结果。

其次，《知识产权强国建设纲要（2021—2035年）》强调：健全知识产权信用监管体系，加强知识产权信用监管机制和平台建设，依法依规对知识产权领域严重失信行为实施惩戒。

鉴于此，《版权工作"十四五"规划》特意将"版权信用体系建设项目"作为专栏，提出推动建立版权领域市场主体信用分级分类监管模式，并强调：会同市场监管、发展改革等部门，建立健全版权信用监管体系，制定版权领域严重违法行为清单和惩戒措施清单，建立完善市场主体诚信档案"黑名单"制度，建立重复侵权、故意侵权企业名录社会公布制度，依法依规对版权领域严重失信行为实施联合惩戒；依法及时公开侵权盗版行政处罚案件信息。

关于失信惩戒制度，近年来实际已在国家立法（如《中华人民共和国政府采购法》）和地方立法（如《广东省社会信用条例》）中得到确立，本条规定是在参酌我省乃至国家的相关法律规定、进一步提炼版权侵权领域的失信惩戒机制的基础上形成的。

第六章

附 则

本章共1条，主要对施行日期作出规定。

第四十条【施行日期】 本条例自2023年1月1日起施行。

【**释义**】本条是关于施行日期的规定。

时间效力：《版权条例》自施行之日（2023年1月1日）起生效。在《版权条例》施行之前所发生的版权创造、运用、保护、管理和服务及相关活动，适用原有法律法规处理；自《版权条例》施行之后所发生的版权相关活动，适用《版权条例》处理。

第三部分

附　录

附录一
• • •

关于提请审议《广东省版权条例（草案）》的汇报

广东省版权局

一、起草背景

党的十八大以来，以习近平同志为核心的党中央高度重视知识产权保护工作。特别是在十九届中央政治局第二十五次集体学习时，习近平总书记发表重要讲话，把知识产权保护工作提升到了前所未有的战略高度，对其赋予了新内涵、明确了新定位、作出了新部署。《知识产权强国建设纲要（2021—2035年）》要求"严格依法保护知识产权""构建门类齐全、结构严密、内外协调的法律体系"。《版权工作"十四五"规划》明确提出"鼓励各地区在立法权限范围内因地制宜制定地方性法规和规章"。

版权产业是我省重要的支柱产业。2020年全省版权产业增加值占全省GDP的比重达8.79%，以新闻出版、软件信息服务、文化创意、动漫游戏等为代表的核心版权产业规模连续多年位居全国首位。但从统筹国内国际两个大局和安全发展两件大事的层面看，我省在推动版权"走出去"、维护国家文化安全等方面仍然任重道远。同时，新技术、新业态对版权保护提出了新挑战，版权制度供给不足、与新任务新要求不匹配等情况仍然存在。因此，为进一步完善版权工作体制机制，推动版权产业高质量发展，助推我省文化强省建设，十分有必要制定本条例。

二、主要内容

《广东省版权条例》以激励创造、加强保护、促进运用为出发点和落脚点，注重总结提炼有益经验和改革成果，从法规层面对版权创造与运用、版权保护、版权管理与服务等版权工作全链条进行制度设计，着力解决我省版权工作中的实际问题。《广东省版权条例》分六章共40条，主要包括以下内容：

一是明确立法目的、适用范围和版权工作的基本原则、职责分工、考评奖励。要求建立版权工作领导和协调机制，明确版权主管部门、版权工作相关部门的职责；增设考核评价制度和奖励制度，对重大版权成果和在版权工作中作出突出贡献的单位和个人给予奖励。

二是完善版权创造和运用的具体措施。包括建立作品创作激励机制、版权产业国际交流合作机制；统筹示范创建工作，构建版权产业集群；推动新领域版权创造与运用，促进版权交易和版权成果转化；等等。

三是健全版权保护工作制度。包括建立版权侵权投诉举报处理、版权执法协作、重点作品版权保护预警、重大案件挂牌督办和版权侵权典型案例发布等制度。

四是强化版权管理和服务。明确版权风险管理、软件正版化、作品登记与存证、版权鉴定和价值评估、版权金融服务等工作的要求和标准；对版权基层工作站、版权专家库、版权人才引进作了原则性规定。

五是厘清相关法律责任。明确行政主体违规责任、对反复侵权行为的从重处罚规定以及对自然人、法人和非法人组织与版权相关的失信行为的惩戒规定。

附录二

关于《广东省版权条例（草案）》审查情况的汇报

广东省司法厅

　　《广东省版权条例》是广东省人大常委会2022年立法工作计划初次审议项目，省版权局送审稿共61条，经我厅审查，新增6条、删除18条、修改及合并调整34条，形成目前的草案共40条。我厅与省版权局就修改内容达成一致意见。

一、立法审查情况

　　《广东省版权条例（草案）》符合《中华人民共和国立法法》和《广东省地方立法条例》规定的立法权限和程序，与上位法不抵触、不冲突；未违法设定行政许可、行政强制、行政处罚、行政收费等措施。

我厅对《广东省版权条例（草案）》的审查修改工作主要把握以下原则：一是贯彻落实党中央、国务院重大决策部署，助力实施创新驱动发展战略，支撑文化强省、知识产权强省建设。二是落实上位法要求，与《广东省知识产权保护条例》《广东省社会信用条例》做好衔接。三是坚持问题导向，精准定位"推进版权产业发展"的立法目的，完善版权创造、运用、保护、管理、服务全链条工作机制，形成较完备的制度规范。

根据上述原则，对送审稿的主要修改如下：一是将"版权管理"与"版权服务"章节合并，并按版权创造和运用、保护、管理、服务的顺序调整章节。二是增加了版权风险管理、版权专家库和版权基层工作站等具体内容。三是删除了与上位法及《广东省知识产权保护条例》重复的内容。四是完善了投诉举报机制、执法协作工作机制、重点作品版权保护预警、新业态新领域版权保护、网络平台版权保护等制度措施。

二、征求意见处理情况

我厅征求了各地级以上市政府、省有关单位、省政府法律顾问、版权社会组织、企业及社会公众意见，会同省版权局组织召开立法论证会，听取省政府立法咨询专家意见，共收到意见156条，大部分意见已吸收采纳，详见审查报告。

关于条例名称，部分法律专家建议使用《广东省著作权条例》，与上位法《著作权法》保持一致。省版权局经请示中宣部并与省人大常委会有关委员会沟通，建议使用《广东省版权条例》，因《著作权法》中明确"著作权即版权"，且使用"版权"更符合立法目的和公众习惯。我厅同意省版权局意见。

三、需要审议的事项

建议《广东省版权条例（草案）》经省政府常务会议审议通过后，以省政府名义提请省人大常委会审议。

后　记

　　本书由广东省委宣传部（省版权局）审定，省委宣传部版权和印刷管理处处长王大树、广州大学法学院教授肖世杰统稿并参与编写；省委宣传部宁建芳、刘书进，省司法厅刘浩、朱东阳，广州市人民检察院许涛，深圳市司法局周剑君，广州大学尹航、陈展源、伊柠洋，广东中矩律师事务所朱满成等参与编写。

　　本书在编写过程中，得到相关部门领导、专家和同人的大力支持与帮助。广州市文化广电旅游局温上京、清远市委宣传部邱敏峰、暨南大学知识产权学院仲春、佛山市版权保护协会鲁红霞、广东省南方文化产权交易所股份有限公司唐瑛等，均提出宝贵意见建议，在此一并表示感谢！

本书编写组

2023年11月